Kernuak Es
Cornish the Easy Way

A Beginner's Course in Everyday Cornish

gans

Andrew Climo-Thompson

© Kernuak Es 2001

Contens / Contents

Introduction

Welcome to Kernuak Es! This course has been developed, continually improved and added to through the continued use of a large number of students from Land's End as far as Bristol and beyond. It is the ideal study aid for use in classes or home tuition.

The course is designed to meet the needs of those who wish to speak Cornish without having to learn a large amount of grammar or without having to repeat the same material over and over again. This course is best used with the accompanying CD, which provides a guide to pronunciation.

If the reader finds that there is a lack of grammar or technical and linguistic terms, then I will have succeeded in my intention. I have, where possible, avoided teaching constructions that are not needed in everyday Cornish. There are a variety of good grammar books to provide the student with additional information if required, such as lists of conjugated verbs. At the end of this course you will find a list of such recommended supporting materials.

I have often been asked "what form of Cornish is used for the course?" and "why?" The first answer is simple – the course is based on Unified Cornish Revised (UCR) but with the pronunciation and spelling variations found in West Cornwall. The reasons for this choice are simple. When the language became perilously close to dying out, it was the Cornish of West Cornwall that remained in use. With this in mind, I have selected the everyday grammar, pronunciation and vocabulary from this period. I have chosen UCR as the written form because I believe that the UCR orthography is the best available to represent the look and feel of Cornish in the Tudor period (around 1560) when it was at its zenith. It is also quite close to John Keigwin's translation of King Charles' letter to the people of Cornwall in the latter half of the seventeenth century, a copy of which may be found towards the end of this book. Overall however, I have followed the work of Dr. Nicholas Williams who formulated the UCR system. A number of his excellent publications are referred to in the list of recommended reading materials.

As far as the 'West Cornish feel' of this course is concerned, I make no apology. I often use -ak endings in place of the -ek endings found in Unified Cornish and Kernewek Kemmyn, since the -ak ending is the form most frequently found in West Cornwall. Conversion to a form used in Mid and East Cornwall is straightforward and footnotes are provided where necessary for this purpose. I also make no apology for using the choices recommended by Richard Gendall, since these are also the forms typically used in western Cornwall. Richard Gendall's research is invaluable to any serious student of Cornish. A selected list of his work can be found in the bibliography. Many of these references are strongly recommended reading for those wanting more detail.

The Cornish of West Cornwall also has a number of distinctive features when spoken and differs from the Cornish of East Cornwall in a number of ways. Firstly, in West Cornwall it is usual to say 'Taze' rather than 'Taz' (or Taaz) for *Tas* (father). Secondly, words such as *lemmyn* (now) are pronounced 'lebmin' rather than 'lemmin'. Kernuak Es follows the West Cornwall tradition in this regard.

Kernuak Es uses the simplified grammar found in written and spoken Cornish in the modern period (after 1500). Others may advocate 'classical' Cornish, a style that uses complex grammar. Whilst not denigrating the study of classical Cornish in any way, this type of Cornish is somewhat more difficult to learn, and considerably harder to use in everyday situations. There are many fine books that can help those wishing to study classical Cornish literature, but that is not the aim of this course.

The names for things in Cornish, like French, are either masculine or feminine. For the most part, students need not worry about this. For information, singular feminine words are marked with an (f), otherwise the gender is assumed to be masculine.

This course has successfully been used by students who have started from scratch, and also by those who have previously used Unified Cornish (Kernewek Unyes), Kernuack Nowedja and Kernewek Kemmyn. It can therefore act as a 'bridge' between these forms and the people that use them, whilst avoiding at least some of the problems found with them.

Andrew Climo-Thompson
Mys Est 2001

Recommended Additional Materials

Nance, R.M.N., *A New Cornish Dictionary – Gerlyver Noweth Kernewek*, Agan Tavas, 1999, ISBN 1-901409-03-1

Williams, N.J.A., *Clappya Kernowek*, Agan Tavas, 1997, ISBN 1-901409-01-5

Williams, N.J.A., *English – Cornish Dictionary: Gerlyver Sawsnek – Kernowek*, Everson Gunn Teoranta / Agan Tavas, 2000, ISBN 1-899082-03-4 (Everson Gunn Teoranta), ISBN 1-901409-04-X (Agan Tavas)

Further Useful Materials

Gendall, R.R.M., *A Practical Dictionary of Modern Cornish: Part One Cornish – English,* Teere ha Tavas (Tregrill Vean, Menheniot, Liskeard, PL14 3PL), 1997

Gendall, R.R.M., *A Practical Dictionary of Modern Cornish: Part Two English - Cornish,* Teere ha Tavas (Tregrill Vean, Menheniot, Liskeard, PL14 3PL), 1998

Gendall, R.R.M., *A Student's Grammar of Modern Cornish,* Cornish Language Council (Tregrill Vean, Menheniot, Liskeard, PL14 3PL), 1991

Gendall, R.R.M., *The Pronunciation of Cornish*, Teere ha Tavas (Tregrill Vean, Menheniot, Liskeard, PL14 3PL), 1989

Weatherhill, C., *Cornish Place Names & Language*, Sigma, 1995, ISBN 1-85058-462-1

Aswonvos

Me a dal muer ras dhe'n lyes den neb re wrug gweres gans an dyllans ma, re bell yn y barusy. Y'ga mysk Dr. Nicholas Williams, Ray Chubb, Neil Kennedy ha Craig Weatherhill neb re ros muer avys screfys ha cowsys, specyly Craig ha re ros dhym an defnydhyow yn kever henwyn tyller. Ynwedh, me a dal gromercy dhe'm classow yn Penwyth ha Ker Vrysta ha'n lyes person warn Kesrosweyth pyw wrug provya kevran ha gromercy dhe wyr dhe Elaine Gill rag hy gweres dh'y jekkya.

Dyscas Onen
Lesson One
Pyth yw - What is it, this or that?

Pyth yw?[1]	*What is it?*
Pyth yw hemma?	*What is this?*
Pyth yw henna?	*What is that?*
Pyth yw an re ma?	*What are these?*
Pyth yw an re na?	*What are those?*

Gerva - Vocabulary

Ky, Cuen	*Dog, Dogs*
Cath, Cathas (f)	*Cat, Cats*
Den, Tus	*Man, Men*
Benen, Benenes (f)[2]	*Woman, Women*
Maw, Mebyon	*Boy, Boys*
Mowes, Mowysy (f)	*Girl, Girls*
Car, Kerry	*Car, Cars*
Chy, Chyow[3]	*House, Houses*
Darras, Darjow	*Door, Doors*
Fenester, Fenestry (f)	*Window, Windows*
Bord, Bordys[4]	*Table, Tables*
Cadar, Caderyow (f)	*Chair, Chairs*

Govynnadow – Questions

Pyth yw?	**Car yw.**	*It is a car.*
	An car yw.	*It is the car.*
Pyth yw hemma?	**Hem yw ky.**	*This is a dog.*
	Hem yw an ky.	*This is the dog.*
Pyth yw henna?	**Hen yw chy.**	*That is a house.*
	Hen yw an chy.	*That is the house.*
Pyth yw?	**Cath yw.**	*It is a cat.*
	An gath yw.[5]	*It is the cat.*
Pyth yw an re ma?	**Cuen yw an re ma.**	*These are (the) dogs.*
Pyth yw an re na?	**Cathas yw an re na.**	*Those are (the) cats.*
Pyth yw?	**Chyow yw.**	*They are houses.*
	An chyow yw.	*They are the houses.*

Pronunciation Guide

Ky	*Kigh*
Cuen	*Key-n*
Den	*Dane*
Tus	*Teez*
Chy	*Chigh*
Chyow	*Chigh-o*
Darjow	*Dar-jo*
Hemma	*Hebma*
Henna	*Hedna*

---

[1] *Cornish uses* **yw** *(is) to describe what a thing is, or what it is like.* **Yw** *is also spelt* **yu** *and* **ew**.
[2] *Words with three or more syllables usually have the stress on the second from last syllable.* **Benenes** = *b-NEN-ez,* **Mowysy** = *Mow-YZ-y,* **Fenester** = *Fe-NEST-r,* **Caderyow** = *Ca-DER-yow.*
[3] *The alternative plural for* **chy** *is* **treven**.
[4] *Another commonly used word for table is* **mos**.
[5] *Some words become softened after* **an** *(the).*

Usadow Onen
Practice One
Pyth yw - What is it, this or that?

Use the form Hem yw ... or Hen yw ... to answer the following questions:

Pyth yw hemma? *What is this (thing)?*

A girl	
A boy	
A door	
A window	

Pyth yw henna? *What is that (thing)?*

A man	
A woman	
A chair	
A table	

Pyth yw an re ma? *What are these (things)?*

Girls	
Boys	
Windows	
Houses	

Pyth yw an re na? *What are those (things)?*

Men	
Women	
Cats	
Cars	

Notyans (*Note*):

As you increase your store of Cornish, why not stick the names of things on familiar items? It is important to speak the Cornish that you learn, and to continue using it. Try thinking of those things by their Cornish rather than English names, or if you know others who are learning, try testing each other.

Gorthebow Onen
Answers One
Pyth yw - What is it, this or that?

Pyth yw hemma? *What is this (thing)?*

A girl	Hem yw mowes
A boy	Hem yw maw
A door	Hem yw darras
A window	Hem yw fenester

Pyth yw henna? *What is that (thing)?*

A man	Hen yw den
A woman	Hen yw benen
A chair	Hen yw cadar
A table	Hen yw bord

Pyth yw an re ma? *What are these (things)?*

Girls	Mowysy yw an re ma
Boys	Mebyon yw an re ma
Windows	Fenestry yw an re ma
Houses	Chyow yw an re ma

Pyth yw an re na? *What are those (things)?*

Men	Tus yw an re na
Women	Benenes yw an re na
Cats	Cathas yw an re na
Cars	Kerry yw an re na

Note that the (this) -ma or (that) -na part can be applied to more or less anything. For example:

This fat cat	An gath ma	*This cat*	An gath dew ma
That cat	An gath na	*That little cat*	An gath vyan na
These cats	An cathas ma	*These white cats*	An cathas gwyn ma
Those cats	An cathas na	*Those bad cats*	An cathas drog na

Moy Usadow Onen
More Practice One

A Cat, The Cat

There is no word for 'a'. So, cath *means either 'cat' or 'a cat' depending on the context.* An *is the word for 'the', so* an gath *means 'the cat'.* An gath, *not* an cath *because an sometimes makes the word that follows soften.*

Without referring to lesson one, write down the English for the following. When you have finished, check your answers with lesson one.

Cath		Ky	
An gath		An ky	
Cathas		Cuen	
An cathas		An cuen	
Cadar		Bord	
An gadar		An bord	
Caderow		Bordys	
An caderyow		An bordys	
Mowes		Maw	
An Vowes		An Maw	
Mowysy		Mebyon	
An mowysy		An Vebyon	

Singular and Plural

Plurals are often formed in Cornish by adding -ow or -yow to the end of a word, for example chyow *(houses) or* caderyow *(chairs). However, there are many other ways to make plurals. For example, some feminine animals have -as endings,* cathas *(cats),* gwlyanas *(gulls), or* tygryas *(kestrels).*

When the names for things are borrowed from another language the plurals often end in -ys, for example bordys *(tables),* shoppys *(shops), from* shoppa, *(a shop).*

Make the following plurals from the singular words:

Singular	Plural (-ow)	Singular	Plural (-yow)
Chy (house)		Ger (word)	
Pyth (thing)		Pel (ball)	
Le (place)		Tu (side)	
Nyver (number)		Pow (land)	
Nos (night)		Negys (business)	
Singular	Plural (-as)	Singular	Plural (-ys)
Cath (cat)		Bord (table)	
Tygry (kestrel)		Cost (cost)	
Colom (dove)		Bonk (bump)	
Tyckydew (butterfly)		Stret (street)	
Bugh[1] (cow)		Plat (plate)	
Hogh (pig)		Pasty (pasty)	

---

[1] *'Cow'* **bugh** *becomes* **buhas**, *similarly* **Hogh** *becomes* **hohas**.

Dyscas Dew
Lesson Two
Ple'ma - Where is it?

Ple'ma'n ...?[1]   *Where is the ...?*

Gerva

Dewotty[2]	*Drinking establishment (pub)*
Sothva Bost (f)	*Post Office*
Potecary	*Pharmacy*
Chy	*House*
Shoppa	*Shop*
Gwerthjy Lyfrow	*Book shop*
Lyverva (f)	*Library*
Scol	*School*
Gwylan (f)	*Herring Gull*
Quylkyn	*Frog*
Sarf (f)	*Snake*
Pedreven (f)	*Lizard*
Yndan[3]	*Under*
War	*On*
Adal dhe	*Opposite*
Reb[4]	*Next to*
Ogas dhe	*Near to*
Pell dheworth[5]	*Far from*
Yn	*In*

Govynnadow

Ple'ma'n dewotty?

Ma'n dewotty reb an eglos.
The pub is next to the church.

Ple'ma'n Sothva Bost?

Ma'n sothva bost ogas dhe'n shoppa Woolworth.
The Post Office is near to Woolworth's.

Ple'ma'n car?

Ma'n car yndan an bord.
The car is under the table.

Ple'ma'n gath?

Ma'n gath war'n gadar.
The cat is on the chair.

---

[1] *Cornish uses* **ma** *(short for* **yma***) to describe where something is. Sentences describing where something is must start with* **ma** *in them.*
[2] *A bar, from* **dewas** *(liquor). Similar words are* **tavarn** *(pub),* **ostel** *(hotel).*
[3] **Yndan**, **war** *and* **dhe** *all soften the following words.*
[4] *This is found in place names such as* **Morrab** *(Mor-reb) or 'next to the sea'. This is frequently also shown as* **ryb** *or* **ryp**.
[5] *Note that Cornish uses the pair of letters dh to show a soft 'th' (as in 'the', not 'thin').*

Usadow Dew
Practice Two
Ple'ma - Where is it?

Unlike English, Cornish has two forms of 'is'. **Yw** *describes things, and* **Ma** *describes the position of things.* **Ma gwylan war an shoppa** *is roughly equivalent to (There is a gull on the shop). A question starting with* **Ple'ma**[1] *must have an answer starting with* **Ma**.

Translate the following into Kernuak (Cornish):

The pub is next to the church	
The car is far from the church	
The cat is under the chair	
The Post Office is near the pub	
The table is opposite the cat	
The frog is far from the library	
The lizard is opposite the table	
The frog is near the chair	
The pub is near the library	
The house is opposite the pub	
The cat is in the church	
The snake is in the cat	

Translate the following into Sawsnak (English):

Ma'n[2] car ogas dhe'n eglos	
Ma'n gath pell dheworth an sarf	
Ma'n bedreven reb an dewotty	
Ma'n ky adal dhe'n Sothva Bost	
Ma'n sarf yndan an lyverva	
Ma'n gath war'n Sothva Bost	
Ma'n gath yndan an car	
Ma'n sarf war'n bord	
Ma'n wylan war'n dewotty	
Ma'n quylkyn y'n potecary	
Ma'n cuen y'n gwerthjy lyfrow	
Ma'n cathas y'n scol	

---

[1] **Ple** *is also sometimes written* **py le** *or* **pe le**.
[2] *Note that the sentence starts ma'n which is a short way of saying* **ma an**. *Don't forget that* **an** *means 'the'.* **Ma car ogas dhe'n eglos** *would mean 'there is A car near the church'.*

Gorthebow Dew
Answers Two
Ple'ma - Where is it?

Translate the following into Kernuak *(Cornish):*

The pub is next to the church	Ma'n dewotty reb an eglos
The car is far from the church	Ma'n car pell dheworth an eglos
The cat is under the chair	Ma'n gath yndan an gadar
The Post Office is near the pub	Ma'n Sothva Bost ogas dhe'n dewotty
The table is opposite the cat	Ma'n bord adal dhe'n gath
The frog is far from the library	Ma'n quylkyn pell dheworth an lyverva
The lizard is opposite the table	Ma'n bedreven adal dhe'n bord
The frog is near the chair	Ma'n quylkyn ogas dhe'n gadar
The pub is near the library	Ma'n dewotty ogas dhe'n lyverva
The house is opposite the pub	Ma'n chy adal dhe'n dewotty
The cat is in the church	Ma'n gath y'n eglos
The snake is in the cat	Ma'n sarf y'n gath

Translate the following into Sawsnak *(English):*

Ma'n car ogas dhe'n eglos	The car is near the church
Ma'n gath pell dheworth an sarf	The cat is far from the snake
Ma'n bedreven reb an dewotty	The lizard is next to the pub
Ma'n ky adal dhe'n Sothva Bost	The dog is opposite the Post Office
Ma'n sarf yndan an lyverva	The snake is under the library
Ma'n gath war'n Sothva Bost	The cat is on the Post Office
Ma'n gath yndan an car	The cat is under the car
Ma'n sarf war'n bord	The snake is on the table
Ma'n wylan war'n dewotty	The gull is on the pub
Ma'n quylkyn y'n potecary	The frog is in the pharmacy
Ma'n cuen y'n gwerthjy lyfrow	The dogs are in the book shop
Ma'n cathas y'n scol	The cats are in the school

Moy Usadow Dew
More Practice Two

All sentences showing where something is must start with **Ma** *and is more or less equivalent to 'there is'.* **Hot** *is a 'hat',* **cok** *is a 'boat',* **morvyl** *is a 'whale',* **kegyner** *is a 'cook' and* **mor** *is a 'sea'.*

Translate the following into English:

Ma'n hot war'n kegyner.	
Ma'n kegyner y'n cok.	
Ma'n cok war'n morvyl.	
Ma'n morvyl war'n mor.	

The positioning words are always between the two 'things', so **war** *(on) and* **yn** *(in) come between* **hot** *and* **kegyner** *or* **kegyner** *and* **cok**. *Write down the meanings of these positioning words:*

yndan		ogas dhe	
adal dhe		pell dheworth	
reb		yn	

Now check them with the vocabulary in *Dyscas Dew*.

In front, behind, to the left, to the right, at the top of, underneath

In addition to the positioning words that we discussed earlier, we also have six additional words that are quite useful.

A gledh dhe	to the left of	A rag dhe	in front of	Awartha	at the top of
A dhyhow dhe	to the right of	A dhelergh[1]	to the rear of	A woles dhe	at the bottom of

Match up the English and the Cornish:

Ma Jowanna a gledh dhe'n sothva bost.	There is a large dog at the rear of the shop
Ma'n lytherwas a rag dhe'n eglos.	Trenava is at the bottom of the hill
Ma'n ky bras a dhelergh an shoppa	Joanna is to the left of the post office.
Ma Trenava a woles dhe'n vre.	The pig is at the top of the lane.
Ma prysk a dhyhow dhe'n penty.	The postman is in front of the church
Ma'n hogh awartha'n vownder.	There is a bush to the right of the cottage.

---

[1] Pronounced A-the-lair, *because the final -gh (or -dh) is often not sounded in Cornish.*

Dyscas Try
Lesson Three
Py par yw - What is it like?

Py par yw?   *What is it like?*
Py lyw yw?   *What colour is it?*

Gerva

Gwer (or gwyrth)	*Green*
Gwyn[1]	*White*
Du	*Black*
Melen	*Yellow*
Ruth	*Red*
Gell	*Brown*
Owr	*Gold or Orange*
Ruthwyn	*Pink*
Ruthlas	*Purple*
Los	*Grey*
Glas	*Blue*
Bras[2]	*Big*
Byan[3]	*Small*
Hyr	*Long (or tall)*
Cot[4]	*Short*
Tew	*Fat*
Mon	*Thin*

Govynnadow ha gorthebow

Py par yw?	**Byan yw.**	*It is small.*
Py par yw?	**Hyr yw.**	*It is long.*
Py par yw an sarf?	**Mon yw an sarf.**	*The snake is thin.*
Py par yw an car?	**Bras yw an car.**	*The car is big.*
Py par yw an quylkyn?[5]	**Cot yw an quylkyn.**	*The frog is short.*
Py lyw yw?	**Glas yw.**	*It is blue.*
Py lyw yw?	**Gwer yw.**	*It is green.*
Py lyw yw an ky?	**Du yw an ky.**	*The dog is black.*
Py lyw yw an car?	**Ruth yw an car.**	*The car is red.*
Py lyw yw?	**Gell yw.**	*It is brown.*
Py lyw yw an wylan?	**Gwyn ha los yw an wylan.**	*The gull is white and grey.*

---

[1] *Pronounced* gwidn.

[2] **Bras** *is pronounced 'braze', and rhymes with* **pras** *'a field' (e.g.* Praze-an-Beeble*). There is also the variant pronunciation* **Brawz**.

[3] **Byan** *is pronounced 'bee-an'. Cornish usually pronounces every syllable.* **Byan** *is also spelt* **Byan**, **Behan**, **Byhan** *or* **Byghan**.

[4] *An alternative to* **cot** *is* **ber** *(pronounced 'bear') which is generally used for time.*

[5] *In the East of Cornwall, the word used for frog is* **lefans**.

Usadow Try
Practice Three
Py par yw - What is it like?

Translate the following into Kernuak:

The cat is fat	
The house is small	
The car is big	
The snake is long	
The girl is thin	

Translate the following into Kernuak:

The big cat is white[1]	
The snake is blue and red[2]	
The car is purple	
The flag (baner) is white and black	
The fat dog is brown	

Translate the following into Sawsnak:

Gwyn yw an ky byan	
Melen ha gwer yw an sarf	
Gell yw an gath	
Glas yw an mor (sea)	
Ruthwyn yw an maw tew	

Translate the following into Sawsnak:

Bras ha tew yw an gath	
Byan yw an edhen (bird)	
Mon ha hyr yw an sarf	
Cot yw an logosen (mouse)	
Bras ha gwyn yw an chy	

---

[1] Note that in **Kernuak**, *describing words usually follow the name of the thing. For example:* **an chy bras** *(the big house),* **mor glas** *(a blue sea),* **an gadar wyn** *(the white chair),* **bord du** *(a black board or black table).*

[2] **Ha** *(and) is used to connect things and descriptions, for example:* **cath ha ky** *(a cat and a dog or cat and dog) or* **ky gwyn ha du** *(a black and white dog).* **Hag** *is used in front of vowels, for example:* **an gath hag an ky** *(the cat and the dog), or* **an ky melen hag owr** *(the yellow and orange dog).*

Gorthebow Try
Answers Three
Py par yw - What is it like?

Translate the following into Kernuak:

The cat is fat	Tew yw an gath
The house is small	Byan yw an chy
The car is big	Bras yw an car
The snake is long	Hyr yw an sarf
The girl is thin	Mon yw an vowes

Translate the following into Kernuak:

The big cat is white	Gwyn yw an gath vras
The snake is blue and red	Glas ha ruth yw an sarf
The car is purple	Ruthlas yw an car
The flag is white and black	Gwyn ha du yw an baner
The fat dog is brown	Gell yw an ky tew

Translate the following into Sawsnak:

Gwyn yw an ky byan	*The little dog is white*
Melen ha gwer yw an sarf	*The snake is yellow and green*
Gell yw an gath	*The cat is brown*
Glas yw an mor	*The sea is blue*
Ruthwyn yw an maw tew	*The fat boy is pink*

Translate the following into Sawsnak:

Bras ha tew yw an gath	*The cat is large and fat*
Byan yw an edhen	*The bird is small*
Mon ha hyr yw an sarf	*The snake is long and thin*
Cot yw an logosen	*The mouse is short*
Bras ha gwyn yw an chy	*The house is large and white*

The following words all rhyme with 'gaze':

Tas	*Father*	**Gnas (f)**	*Nature*
Glas	*Blue*	**Pas (payz)**	*Cough*
Bas	*Shallow*	**Haf (hay-v)**	*Summer*
Bras	*Large*	**Braf (bray-v)**	*Fine, great*

Moy Usadow Try
More Practice Three

In Cornish it is normal for descriptive words to follow the object or person. For example:

Chy bras	*A large house*
Tylda byan	*A small tent*
Den coth	*An old man*
Benen yonk	*A young woman*
Car ruth	*A red car*
Dewros scaf ha du	*A bicycle fast and black*
An shoppa glas	*The blue shop*
An penty gwyn	*The white cottage*
An tyak tew	*The fat farmer*
An vowes von	*The thin girl*

Which is the correct way to say the following?

A small house	Byan Chy	or	Chy byan
Tall men	Tus hyr	or	Hyr tus
Red cats	Ruth cathas	or	Cathas ruth
The black knight	An Du Marrak	or	An Marrak[1] Du
Peter's house	An Chy Peder	or	An Peder Chy

When you want to say who something belongs to, you also put the persons name after the object (just like colour, size, etc.). For example:

An Ky Jowan	*John's dog*
An Sothva Bost Lowdy	*Loveday's post office*
Cath venen	*A woman's cat*
Chy pronter	*A priest's house*
Hanow a'n vam[2]	*The mother's name*
Car mab a'n pronter	*The priest's son's car*

Which is the correct way to say the following?

Morwenna's rose	Morwenna rosen	or	Rosen Vorwenna
The president's men	Tus a'n Gwahaleth	or	An gwahaleth tus
The name of the star	An Steren[3] Hanow	or	Hanow a'n steren
James' builder's ladder	Scuel byldyer Jago	or	Jago byldyer scuel
The cover of the book	Cudhlen a'n lyver	or	An cudhlen lyver

---

[1] *Also written* **Marhak**.
[2] *Note that an 'the' is no longer at the front.* **Car mab pronter** *would be a priest's son's car.*
[3] *Pronounced* **steredn**.

Dyscas Peswar
Lesson Four
Gorhemmynow - Greetings

Fatla genough why?	*How [is it] with you?*
Ough why yn yagh?	*Are you in health?*

Gerva

Dew genough why![1]	*Goodbye (God [be] with you)*
Yagh	*In health, healthy*
Yehes	*Health*
Yn ta[2]	*Okay*
Da	*Good*
Fest	*Very*
Marthys	*Wonderful*
Brentyn	*Noble, excellent*
Claf	*Sick*
Drog	*Bad*
Uthek	*Awful*
Of vy	*... Am I*
Oma	*... Am I*
Os ta	*... Are you (pers/sing)*
Ough why	*... Are you (pol/pl)*
De	*Day*
Gorthewer[3]	*Evening*
Ea![4]	*Yeah ! (e.g. in greeting)*
Soweth![5]	*Alas !*

Plen-an-gwary
(Playing place)

Elen:	Ea ! De da, Meyk.
	(Hi ! Good day, Mike.)
Meyk:	De da, Elen. Fatla genough why?
	(Good day, Helen. How are you?)
Elen:	Uthek oma, ha fest claf.
	(Awful am I, and very sick.)
Meyk:	Soweth ! Dew genough why !
	(Alas ! Goodbye !)

---

[1] *The word* **gans** *means 'with'. It is combined with a number of endings such as* **genef vy** *or* **genam vy** *for 'with me',* **genough why** *'with you' (plural / polite) or* **genes tejy** *'with you' (singular / personal).*
[2] *Yn ta comes from* **yn** *which approximates to '-ly' in English and* **da** *means 'good'.*
[3] **Gorthewer** *is pronounced 'gor-thoo-er'.*
[4] **Ea** *is pronounced half way between 'yay-h' and 'yay-ee'.*
[5] **Soweth** *is pronounced 'zoweth'.*

Dyscas Pymp
Lesson Five
Kescows sompel - Basic conversation
Moy gerva - More vocabulary

De	*Day*
Nos (f)	*Night*
Myttyn	*Morning*
Gorthewer	*Evening*
Mar pleg	*Please*
Murrasta why?[1]	*Thank you (pol/pl)*
Fatel ...?	*How ...?*
Pandra ...?	*What ...?*
Pandr'a vennough why...?	*What do you want ...?(pol/pl)*
Me a venja ...	*I would like ...*
Eva[2]	*to drink*
Debry[3]	*to eat*
Cafus[4]	*to have, get, or find*
Esedha[5]	*to sit [down]*
Deugh ajy!	*Come in ! (pol/pl)*
Gras dhys[6]	*Thank you (pers/sing)*
Pandr'a venta ..?	*What do you want ...? (pers/sing)*
Dues ajy!	*Come in ! (pers/sing)*
Tesen (f)	*Cake*

Plen-an-gwary

Elen: Gorthewer da, Meyk.
         (Good evening, Mike.)

Meyk: Gorthewer da, Elen.
         (Good evening, Helen.)

Elen: Deugh ajy, hag esedha !
         (Come in, and sit down !)

Meyk: Murrasta why (gras dhys)
         (Thank you.)

Elen: Pandr'a vennough why eva?
         (What would you like to drink?)

Meyk: Me a venja cafus te, mar pleg.
         (I would like to have tea, please.)

---

[1] **Why** *is pronounced 'hwee'.*

[2] *The 'e' in* **eva** *is a short sound something between 'ever' and the Northern English 'ay' sound.*

[3] **Debry** *is pronounced 'd'bree'.*

[4] *The 'u'in* **cafus** *is very short and half way between 'a' and 'u'.*

[5] *Pronounced 'e-SETHa'.*

[6] *In* **Dyscas Peswar** *we had* **gans** *(with).* **Dhe** *(to) works in a very similar manner:* **dhym** *'to me'* , **dhys** *'to you'* *(singular / personal),* **dheugh why** *'to you' (plural / polite).*

Usadow Pymp
Practice Five
Kescows sompel - Basic conversation

Treleugh dhe Gernuak *(Translate the following into Cornish):*

Hi !	
Good day	
Good evening	
Good morning	
Good night	
How are you?	
Are you sick?	
Are you healthy (well)?	
I am sick	
I am very sick	
I am awful	
I am okay	
I am healthy (well)	
Alas !	
Come In	
Please	
Thank you	
I would like to have tea	
I would like to sit	
I would like to eat	
I would like to drink	
I would like to sit on the red chair	
Where is the tea?	
I would like to have the white cake	
Where is the cake?	
Come in and eat and drink	
What do you want to drink?	
What do you want to eat?	
Where is the table?	
Where is the dog?	

Gorthebow Pymp
Answers Five
Kescows sompel - Basic conversation

Treleugh dhe Gernuak *(Translate the following into Cornish):*

Hi !	Ea !
Good day	De da / dedh da
Good evening	Gorthewer da
Good morning	Myttyn da
Good night	Nos da
How are you?	Fatla genough why?
Are you sick?	Ough why claf?
Are you healthy (well)?	Ough why yn yagh?
I am sick	Claf oma / of vy
I am very sick	Fest claf oma / of vy
I am awful	Uthek oma / of vy
I am okay	Yn ta oma / of vy
I am healthy (well)	Yn yagh oma / of vy
Alas !	Soweth !
Come In	Deugh ajy !
Please	Mar pleg
Thank you	Murrasta why
I would like to have tea	Me a venja cafus te
I would like to sit	Me a venja esedha
I would like to eat	Me a venja debry
I would like to drink	Me a venja eva
I would like to sit on the red chair	Me a venja esedha war'n gadar ruth
Where is the tea?	Ple'ma'n te?
I would like to have the white cake	Me a venja cafus an desen wyn
Where is the cake?	Ple'ma'n desen?
Come in and eat and drink	Deugh ajy ha debry hag eva
What do you want to drink?	Pandr'a vennough why eva?
What do you want to eat?	Pandr'a vennough why debry?
Where is the table?	Ple'ma'n bord?
Where is the dog?	Ple'ma'n ky?

Dyscas Whegh
Lesson Six
Yw ...? Ues ...?

In Cornish there is no single 'Yes' or 'No'. Instead, Cornish takes 'Yes' or 'No' from the verb in the question. In this example 'Yes' is **'Yw'** *and 'No' is* **'Nag yw'.**

Yw ky bras?	*Is it a big dog?*
Yw.	*Yes.*
Ky bras yw.	*It is a big dog.*
Yw ky gell?	*Is it a brown dog?*
Nag yw.	*No.*
Nynj yw ky gell.	*It is not a brown dog.*
Ky gwyn ha du yw.	*It is a white and black dog.*

Position is treated in the same way, but using **'Ues'** *for 'Yes' and* **'Nag ues'** *for 'No'.*

Ues cath yndan an bord?	*Is there a cat under the table?*
Ues.	*Yes.*
Ma cath yndan an bord.	*There is a cat under the table.*
Nag ues.	*No.*
Nynj ues cath yndan an bord.	*There is not a cat under the table.*

Fill in the gaps following the examples given:

Pyth yw?	Question	Yes/No	Answer
Ky	Yw ky?	Yw	Ky yw
Ky	Yw sarf?		
Cath	Yw cath?		
Cath	Yw ky?		
Sarf	Yw sarf?		
Sarf	Yw ky?		

Py braster yw?	Question	Yes/No	Answer
An cok (boat) bras	Yw an cok bras?	Yw	An cok yw bras
An cok bras	Yw an cok byan?	Nag yw	An cok nynj yw byan
An sarf hyr	Yw an sarf hyr?		
An sarf hyr	Yw an sarf cot?		
An quylkyn tew	Yw an quylkyn tew?		
An quylkyn tew	Yw an quylkyn mon?		

Ple'ma?	Question	Yes/No	Answer
Cath war'n strayl	Ues cath war'n strayl? (mat)	Ues	Ma cath war'n strayl
Cath war'n strayl	Ues cath yndan an strayl?		
Hogh (pig) y'n car	Ues hogh y'n car?		
Hogh y'n car	Ues hogh reb an car?		
Davas (sheep) reb an car	Ues davas reb an car?		
Davas reb an car	Ues davas ogas dhe'n van?		

Gorthebow Whegh
Answers Six

Here are the answers to the previous exercises:

Ky	Yw sarf?	Nag yw	Nynj yw sarf
Cath	Yw cath?	Yw	Cath yw
Cath	Yw ky?	Nag yw	Nynj yw ky
Sarf	Yw sarf?	Yw	Sarf yw
Sarf	Yw ky?	Nag yw	Nynj yw ky
An cok (boat) bras	Yw an cok bras?	Yw	An cok yw bras
An cok bras	Yw an cok byan?	Nag yw	An cok nynj yw byan
An sarf hyr	Yw an sarf hyr?	Yw	An sarf yw hyr
An sarf hyr	Yw an sarf cot?	Nag yw	An saf nynj yw cot
An quylkyn tew	Yw an quylkyn tew?	Yw	An quylkyn yw tew
An quylkyn tew	Yw an quylkyn mon?	Nag yw	An quylkyn nynj yw mon
Cath war'n strayl	Ues cath yndan an strayl?	Nag ues	Nynj ues cath yndan an strayl
Hogh y'n car	Ues hogh y'n car?	Ues	Ma hogh y'n car
Hogh y'n car	Ues hogh reb an car?	Nag ues	Nynj ues hogh reb an car
Davas reb an car	Ues davas reb an car?	Ues	Ma davas reb an car
Davas reb an car	Ues davas ogas dhe'n van?	Nag ues	Nynj ues davas ogas dhe'n van

Now try these exercises:

- Make up a scrapbook of things cut out from magazines or (flashcards). Choose a picture and use as many different combinations of question and answer as possible. It is easier for two people to take it in turns to ask questions and provide answers.

- The same exercise can be carried out using props of some sort such as childrens) toys, and as before it is easier if there are two of you taking turns.

More about Ple'ma

Govyn	Gorthyb
Ues ky yndan an bord? *(Is there a dog under the table)*	Ma ky yndan an bord *(There is a dog under the table)*
Ple'ma'n *(Where is the ...?)*	Ma'n .... *(The ... is ...)*
Ujy'n ..... *(Is the ....?)*	*(The ... is ...)*
Ujy'n ky yndan an gwely?	Nag Ujy. Nyns ujy'n ky.... *(No. The dog is not under the table)*
Ujy'n hanaf te war'n bord?	Ujy. Ma'n hanaf te war'n bord

Note the switch from **Ues** *to* **Ujy**. *This is because we are refering to a specific dog, cat or cup of coffee, rather than any dog etc.*

Safla Grammar
Grammar Check

Bos (to be)

Lowen of vy	*I am happy*
Lowen oma	*I am happy*
Lowen os ta	*You are happy (int / sing)*
Lowen yw ef	*He is happy*
Lowen ova	*He is happy*
Lowen yw hy	*She is happy*

Tryst yw hy	*She is sad*
Tryst on ny	*We are sad*
Tryst ough why	*You are sad (pol / pl)*
Tryst ynjy	*They are sad*

Words for things (nouns)

Car yw	*It's a car*
Cath yw	*It's a cat*
An car yw	*It's the car*
An gath yw	*It's the cat*
Cathas yw / ynjy	*They are cats*
Mebyon yw / ynjy	*They are boys*
An cathas yw / ynjy	*They are the cats*
An vebyon yw / ynjy	*They are the boys*

Negatives

Nynj yw car	*It isn't a car*
Nag yw, nynj yw sarf	*No, it isn't a snake*

Descriptions for things (adjectives)

Glas yw an mor	*Blue is the sea*
Hyr yw an sarf	*Long is the snake*
Bras yw	*Big it is*
Gwyn yw	*White it is*

Questions

Hem yw conyn.
Cot yw an conyn.

Syvy yw.
Bras yw an syvy.

Nag yw. Nynj yw ty-vy. Pellgowser yw.

Pyth yw?	*What (which thing) is it?*
Pyth yw hemma?	*What is this (thing)?*
Pyth yw an re na?	*What are those (things)?*
Py par yw?	*What like is it?*
Py lyw yw?	*What colour is it?*
Py braster yw?	*What size is it?*
Py sort yw?	*What type/sort is it?*
Yw hemma ...?	*Is it a ...?*
A nynj yw hemma ...?	*Isn't it a ...?*
Fatel yw ...?	*How is ...?*
Fatla genough why?	*How (is it) with you / How are you?*

Dyscas Seyth
Lesson Seven
An gewer - The weather

Fatel yw an gewer, hedhyw?   *How is the weather today?*

Otomma'n[1] dhargan Gernow hedhyw dheworth an Gresen Gewer Kernow: Tom yw mes newlak yn Lansen, hag yn Pensans[2] howlak yw mes tam gwynjak.

Here is the Cornish forecast from the Cornish Weather Centre: It is hot but misty in Launceston, and in Penzance it is sunny but a little windy.

Lemmyn tramor: Teg yw, godom ha segh yn Kembra, mes yn Alban jeyn ha glyb yw. Erhak ha rewak yw yn Pow Saws.

Now abroad: It is fine, warm and dry in Wales, but it is cold and wet in Scotland. It is icy and snowy in England.

Gerva

Kewer (f)	*Weather*	Howlak[3]	*Sunny*
Dargan (f)	*Forecast*	Glawak	*Rainy*
Tom	*Hot*	Newlak	*Misty, Foggy*
Segh	*Dry*	Gwynjak	*Windy*
Teg	*Fine*	Erhak	*Snowy*
Cosel	*Calm*	Rewak	*Icy, frosty*
Godom	*Warm*	Awelak	*Stormy*
Glyb	*Wet*	Comolak	*Cloudy*
Jeyn	*Cold*	Muer	*Much*
Hager	*Awful*	Tam	*A bit*

Yn Kernow	*In Cornwall*	Yn Por'Ya[4]	*In St Ives*
Yn Kembra	*In Wales*	Yn Pensans	*In Penzance*
Yn Alban	*In Scotland*	Yn Bodmen[5]	*In Bodmin*
Yn Breten Vyan	*In Brittany*	Lemmyn	*now*
Yn Manow	*In the Isle of Man*	Tramor	*overseas*
Yn Wordhen	*In Ireland*	Mes	*but*
Yn Pow Saws	*In England*	Ha, hag	*and*
Yn Cambron[6]	*In Camborne*	Dheworth	*from*
Yn Lansen[7]	*In Launceston*		

Cresen Gewer Gernow   *Cornish Weather Centre*

---

[1] **Otomma** *'Here is ...' (pointing out something),* **Otenna** *'There is ...'*, **Ot** *!* *'Behold !'*
[2] *In this case the middle* **s** *is pronounced as a* **z.** **Penzans** *is an acceptable alternative.*
[3] *−***ak** *endings are generally written −***ek** *in Mid and East Cornwall.*
[4] *From* **porth** *'a cove or harbour' and* **Ya** *after Saint Ya.*
[5] **Bodmen** *is probably from* **bos/bod** *'a dwelling' and* **menehy** *'monastic land'.*
[6] **Cambron** *probably from* **cam** *'crooked' and* **bron** *'hill'.*
[7] **Lansen** *is short for* **Lanstefan** *(Church of St Stephen).*

Usadow Seyth
Practice Seven
Py sort a gewer ues - What sort of weather is there?

Treleugh dhe Gernuak:

It is cold	
It is fine	
It is rainy in Wales	
It is sunny in St Ives	
It is hot and dry	
It is foggy in Ireland	

*The form **Ma** ... can be used generally not only to describe the location of something (such as **Ma'n gath war'n gadar** 'The cat is on the chair'), but also 'There is ... '.*

Der ensompel (For example):

Ma glaw   *There is rain*
Ma comol   *There is cloud*

Treleugh dhe Gernuak:

There is rain	
There is snow	
There is ice	
There is cloud in Brittany	
There is thunder	
There is lightning in Camborne	
There is fog in Launceston	
There is ... (your choice !)	

Gerva

Glaw	*Rain*
Ergh	*Snow*
Gwyns	*Wind*
Rew	*Ice*
Howl	*Sun*
Comol	*Cloud*
Comolen (f)	*A cloud*

Taran (f)	*Thunder*
Luhes	*Lightning*
Luhesen (f)	*A flash of lightning*
Newl	*Mist, Fog*
Newlen	*A patch of fog*

Gorthebow Seyth
Answers Seven
Py sort a gewer ues - What sort of weather is there ?

Treleugh dhe Gernuak:

It is cold	Jeyn yw
It is fine	Teg yw
It is rainy in Wales	Glawak yw yn Kembra
It is sunny in St Ives	Howlak yw yn Por Ya
It is hot and dry	Tom ha segh yw
It is foggy in Ireland	Newlak yw yn Wordhen

Treleugh dhe Gernuak:

There is rain	Ma glaw
There is snow	Ma ergh
There is ice	Ma rew
There is cloud in Brittany	Ma comol yn Breten Vyan
There is thunder	Ma taran
There is lightning in Camborne	Ma luhes yn Cambron
There is fog in Launceston	Ma newl yn Lansen
There is ... (your choice !)	Ma ...

Moy Usadow Leveryans
More Pronunciation Practice

The following words all have the stress placed on the second from last syllable,
e.g. ke-REN-za (kerensa, love).

Kernuak	Leveryans	Sawsnak
Avorow	A-VORR-o	Tomorow
Caradow	Ca-RAD-o	Beloved, loving
Gorhemmynadow	Gor-hem-i-NAD-o	Wishes, tidings
Gorthebow	Gor-THEB-o	Answers
Govynnadow	Go-vi-NAD-o	Questions
Howldrehevel	Howl-dr-HEV-l	Sunrise
Howlsedhas	Howl-SEDH-us	Sunset
Kerenja	Ke-REN-ja	Love
Keresyk	Ke-REZ-ik	Darling
Kernewegoryon	Cur-noo-e-GOR-yon	Cornish speakers
Menedhow	Me-NEDH-o	Mountains, hills

Dyscas Eth
Lesson Eight
Py lyes, Py gemmys - How many, how much?

Py gemmys ues?	*How much is there?*
Ma muer te omma	*There is much (lots of) tea here*
Py lyes ues?	*How many are there?*
Py lyes cath ues?	*How many cats are there?*
Ma teyr hath[1]	*There are three cats*
Py lyes chy ues?	*How many houses are there?*
Ma deg den	*There are ten persons*

Gerva

Onen, Un (f)[2]	*One*	Unnek	*Eleven*
Dew[3]	*Two*	Dewdhek	*Twelve*
Try, Teyr (f)	*Three*	Tredhek	*Thirteen*
Pajer,[4] Peder (f)	*Four*	Peswardhek	*Fourteen*
Pymp	*Five*	Pymthek	*Fifteen*
Whegh	*Six*	Whetek	*Sixteen*
Seyth[5]	*Seven*	Seytek	*Seventeen*
Eth	*Eight*	Etek	*Eighteen*
Naw	*Nine*	Nawnjak	*Nineteen*
Deg	*Ten*	Ugans[6]	*Twenty*

Py lyes den ues omma?	*How many people are here?*
Ma try den omma.	*There are three people here.*

Onen war'n ugans[7]	*Twenty-one*
Deg war'n ugans	*Thirty*
Dew ugans	*Forty*
Onen ha dew ugans	*Forty-one*
Hantercans	*Fifty*
Deg ha dew ugans	*Fifty*
Cans	*Hundred*
Myl (f)	*Thousand*
Mylvyl (f)	*Million*

Un cans, unnek ha dew ugans	*One hundred and fifty-one*
Un myl, try hans, seyth ha dew ugans	*One thousand, three hundred and forty-seven*
Nawnjak cans, nawnjak ha peswar ugans	*Nineteen hundred and ninety-nine*

---

[1] *In Cornish you would say 'three cat'* **teyr hath** *rather than three cats.*

[2] *Pronounced 'Ee-N'.* **Un** *is generally used with a name or thing and* **onen** *as a number on its own.*

[3] *Pronounced either 'dow' or 'du'.*

[4] **Peswar** *is an alternative for* **Pajer**.

[5] *Pronounced 'zithe'.*

[6] *Pronounced 'iggans'.*

[7] *Note that Cornish numbers are counted in the same way as French numbers, from one to twenty and then one-and-twenty, two-and-twenty etc. up to two-twenties (forty), and so on.*

Usadow Eth
Practice Eight
Nyverow - Numbers

Treleugh dhe Gernuak:

35	
54	
67	
99	
81	
72	
108	
121	
144	
169	
198	
267	
375	
999	
1,643	
4,279	
54,951	
88,888	
473,096	
1,654,932	
87,926,491	

Gorthebeugh dhe'n re ma (*Answer the following*):

Py lyes chy y'n vordh ues?	12	
Py gemmys sucra ues?	lots	
Py lyes clock ues?	1	
Py lyes pluven ues?	2	
Py lyes cath ues?	3	
Py lyes descajor ues?	3	
Py lyes studhyer ues?	9	
Py gemmys dowr ues?	much	
Py lyes eglos y'n dre ues?	1	
Py lyes scol ues?	1	
Py lyes dewotty ues?	2	
Py gemmys te ues?	lots	
Py lyes lyverva ues?	1	

Gerva

y'n vordh	*in the road*		descajor	*teacher*
sucra	*sugar*		studhyer	*student*
dowr	*water*		clock	*clock*
man	*zero*		travyth	*nothing*

pluven *pen - from feather, like* pluvak *(a pillow)*

Gorthebow Eth
Answers Eight
Nyverow - Numbers

Treleugh dhe Gernuak:

35	Seyth ha try ugans
54	Pymthek war'n ugans
67	Peswardhek ha dew ugans
99	Nawnjak ha pajer ugans
81	Onen ha pajer ugans
72	Dewdhek ha try ugans
108	Onen cans hag eth
121	Onen cans, onen war'n ugans
144	Onen cans, peswar ha dew ugans
169	Onen cans, naw ha try ugans
198	Onen cans, etek ha pajer ugans
267	Dew gans, seyth ha try ugans
375	Try hans, pymthek ha try ugans
999	Naw cans, nawnjak ha pajer ugans
1,623	Onen myl, whegh cans, try war'n ugans
4,279	Peswar myl, dew gans, nawnjak ha try ugans
55,951	Pymthek ha dew ugans myl, naw cans, unnek ha dew ugans
88,888	Eth ha pajer ugans myl, eth cans, eth ha pajer ugans
473,096	Peswar cans tredhek ha try ugans myl, whetek ha pajer ugans
1,654,932	Onen mylvyl, whegh cans peswardhek ha dew ugans myl, naw cans, dewdhek war'n ugans
87,926,491	Seyth ha pajer ugans mylvyl, naw cans whegh war'n ugans myl, peswar cans, unnek ha pajer ugans

Gorthebeugh orth an re ma:

Py lyes chy y'n vordh ues?	Ma dewdhek chy y'n vordh
Py gemmys sucra ues?	Ma muer sucra
Py lyes clock ues?	Ma un clock
Py lyes pluven ues?	Ma dew bluven
Py lyes cath ues?	Ma teyr hath[1]
Py lyes descajor ues?	Ma try descajor
Py lyes studhyer ues?	Ma naw studhyer
Py gemmys dowr ues?	Ma muer dowr
Py lyes eglos y'n dre ues?	Ma un eglos y'n dre
Py lyes scol ues?	Ma un scol
Py lyes dewotty ues?	Ma dew dewotty
Py gemmys te ues?	Ma muer te
Py lyes lyverva ues?	Ma un lyverva

---

[1] *Note that the feminine form of three* **teyr** *has been used here. This is because* **cath** *is feminine. The same is also true when you use four, thus four cats would be* **peder gath**.

Dyscas Naw
Lesson Nine
An amser - The time

Gerva

Quater / Quatron	*Quarter*
Hanter	*Half*
Owr	*Hour*
Uer	*Hours of the clock*
Clock	*Clock*
Uryor	*Watch*
Hanternos	*Midnight*
Hanterdedh	*Midday*
Woja / Awos / Awoja	*After*
Dhe	*To / before*
Mynysen	*Minute*
Yn pols	*In a moment*
Yn scon	*Soon*
Dewedhes	*Late*
Yn avar	*Early*
Solabrys	*Already*
Pupprys	*Always*
Menough	*Often*
War nuk / Dystough	*Immediately*
Namnygen	*Just now*
Agensow	*Recently*
Bys vyken / Bynary / Bynytha	*For ever*

Ow covyn an amser - **Asking the time**

Py uer yw?	*What time is it?*
Un[1] uer[2] yw	*It is one o'clock*
Pymp woja dew	*Five past two*
Deg woja try war'n clock yw	*It is ten past three on the clock*
Quater woja eth	*Quarter past eight*
Ugans woja naw yw	*It is twenty past nine*
Deg dhe bymp	*Ten to five*
Pymp war'n ugans dhe beswar yw	*It is twenty-five to four*
Pymp dhe seyth	*Five to seven*
Quater dhe unnek	*Quarter to eleven*
Hanternos yw	*It is midnight*

---

[1] *Note that time is feminine in Cornish.* **One o'clock** *is* **Un uer**, **Three o'clock** *is* **Teyr uer**, **Four o'clock** *is* **Peder uer**, *and so on.*

[2] *Pronunciation* **uer** (*time*) = *ee-er*, **muer** (*great*) = *me-er*, **luer** (*floor*) = *le-er*.

Usadow Naw
Practice Nine
An amser - *The time*

Py uer yw? _____

Py uer yw? _____

Py uer yw? _____

Py uer yw? _____

Py uer yw? _____

Py uer yw? _____

Py uer yw? _____

Py uer yw? _____

Treleugh dhe Sawsnak:

Hanter woja eth y'n myttyn yw, ha me a wra gweles an howl drehevel dres an comol. Menough me a wra myras orth an howldrehevel. Me a wra mos yn deg mynysen. Solabrys yw amser dhe gemeres an bus dhe Druru. Pupprys me a wra kemeres an bus avar dhe Druru.

Gorthebow Naw
Answers Nine
An amser - The time

Py uer yw? **Hanter woja dew yw**

Py uer yw? **Quater woja unnek yw**

Py uer yw? **Quater dhe bymp yw**

Py uer yw? **Deg dhe unnek yw**

Py uer yw? **Ugans woja hanterdeth/nos**

Py uer yw? **Deg woja seyth yw**

Py uer yw? **Ugans dhe beder yw**

Py uer yw? **Pymp war'n ugans dhe dew yw**

Hanter woja eth y'n myttyn yw, ha me a wra gweles an howl drehevel dres an comol. Menough me a wra myras orth an howldrehevel. Me a wra mos yn deg mynysen. Solabrys yw amser dhe gemeres an bus dhe Druru. Pupprys me a wra kemeres an bus avar dhe Druru.

It is half past eight in the morning, and I see the sun rise over the clouds. I often watch the sunrise. I shall go in ten minutes. It is already time to take the bus to Truro. I always take the early bus to Truro.

Moy Geryow yn kever An Amser
More Words about The Time
Gerva

De	*Day*
Nos	*Night*
Myttyn, Bora	*Morning*
Dohajedh	*Afternoon*
Gorthewer	*Evening*
Berlewen	*Dawn*
Gorlewen	*Dusk*
Hanterdedh	*Midday*
Hanternos	*Midnight*
De	*Yesterday*
Hedhyw	*Today*
Avorrow	*Tomorrow*
Hedhyw Vyttyn	*This morning*
Androweyth	*This afternoon*
Haneth	*This evening*
Nyhewer, Nos dewetha	*Last night*
Degensete	*Day before yesterday*
Ternos	*following day*
Ternos Vyttyn	*following morning*
Ternos dohajedh	*following afternoon*

As / while

Lowen oma ha[1] me ow redya — *I am happy while I am reading*
Literally 'Happy am I while I [am] reading' where the 'am' or 'was' part is omitted.
Cosel o an gath ha hy ow cuska — *The cat is happy when she is sleeping*

Treleugh dhe Gernuak:

The day is long while the sun is shining	
You are sad while you are travelling	
We are happy while we are drinking tea	
The house was wet as it was raining	
Peter's church was full while he was preaching	

Gerva

lowen on ny	*we are happy*	Tryst os ta	*you are sad*
An howl	*the sun*	An de	*the day*
luen	*full*	ow splanna	*shining*
ow vyaja	*travelling*	ow pregoth	*preaching*
ow cul glaw	*raining*		

---

[1] *Note that in addition to meaning 'and'* **ha** *can also mean as and while, depending on the context.*

Moy yn kever Bos
More about 'to be'

Sawsnak	Question	Yes	Am / Are	No	Are / Am not
Am I?	Of vy?	Of.	.. of vy.	Nag of.	Nynj of vy..
Are you?	Os ta?	Os.	.. os ta.	Nag os.	Nynj os ta..
Is he?	Yw ef?	Yw.	.. yw ef.	Nag yw.	Nynj yw ef..
Is she?	Yw hy?	Yw.	.. yw hy.	Nag yw.	Nynj yw hy..
Are we?	On ny?	On.	.. on ny.	Nag on.	Nynj on ny..
Are you?	Ough why?	Ough.	.. ough why.	Nag ough.	Nynj ough why..
Are they?	Ynjy?	Yns.	.. ynjy.	Nag yns.	Nyns ynjy..

Ensompel:

Os ta lowen?	*Are you happy?*
Of.	*Yes.*
Lowen of vy.	*I am happy.*
Nag of.	*No.*
Nynj of vy lowen.	*I am not happy.*

Gerva

Lowen[1]	*Happy*
Tryst[2]	*Sad*
Parys	*Ready*
Luen	*Full / replete*
Gwag	*Empty*
Yonk	*Young*
Coth	*Old*
Cref	*Strong*
Gwan	*Weak*

Fill in the table below, using the first example as a guide.

Sawsnak	Question	Yes	Am / Are	No	Am / Are not
Am I weak?	Of vy gwan?	Of.	Gwan of vy?	Nag of.	Nynj of vy gwan.
Are you sad?					
Is he strong?					
Is she ready?					
Are we old?					
Are you empty?					
Are they young?					

---

[1] *Pronounced* Loo-en.
[2] *Pronounced* Treest.

Dyscas Deg
Lesson Ten
Ow cul taclow y'n uer ma - Doing things in the present
Gerva

Kerdhes	*to walk*
Dryvya[1] / Gorra	*to drive / drive cattle*
Neyja	*to swim, to fly*
Lowartha	*to garden*
Payntya / lewya	*to paint / paint pictures*
Redya	*to read*
Myras orth an ty-vy	*to watch the television*
Goslowes orth an radyo	*to listen to the radio*

Gul *(to make or do)*

Me a wra	*I do / make*
Te a wra	*You do / make (s ing)*
Ef a wra	*He does / makes*
Hy a wra	*She does / makes*
Ny a wra	*We do / make*
Why a wra	*You do / make (pl)*
Ynjy a wra	*They do / make*

Ensomplow (*Examples*):

Me a wra[2] payntya fenester	*I paint a window*	Ny a wra payntya dewotty	*We paint a pub*
Te a wra payntya an darras	*You paint the door*	Why a wra payntya an tren	*You paint the train*
Ef a wra payntya chy	*He paints a house*	Ynjy a wra payntya an gath	*They paint the cat*
Hy a wra payntya an car	*She paints the car*	Ef a wra payntya an bord	*He paints the table*

Moy ensomplow whath (*Even more examples*):

Me a wra myras orth ty-vy	*I watch television*	Ny a wra myras orth logosen	*We watch a mouse*
Te a wra myras orth an ky	*You watch the dog*	Why a wra myras orth an crocadyl	*You watch the crocodile*
Ef a wra myras orth an vowes	*He watches a girl*	Ynjy a wra myras orth an mor	*They watch the sea*
Hy a wra myras orth an den	*She watches the man*	Hy a wra myras orth casak cos	*She watches a woodpecker*

---

[1] *Pronounced DRIVE-ya.*
[2] *Note: To say 'I do not' rather than 'I do', the* **a** *is replaced by* **na**. *E.g.* **Me na wra** ...

Usadow Deg
Practice Ten
Pandra wra - What does ...?
Gerva

Asen	*Donkey / Ass*
Morah (Morhogh)	*Dolphin*
Crocadyl (f)	*Crocodile*
Casak cos (f)	*Woodpecker*
Logosen (f)	*Mouse*
Y'n ayr	*In the air*
A hes	*Along*
Y gar	*His car*
Y'n mor	*In the sea*
War'n strayl	*On the mat*
Hy dyns	*Her teeth*
War wedhen	*On a tree*
Der an lovan	*Through the rope*
Esedha	*to sit*
Snappya	*to snap*
Mordholya	*to hammer*
Bratha	*to bite*
Debry	*to eat*

Fill in the answers to the following questions, in the same way as the example.

Govynnadow	Gorthebow
Pandra wra an ky gul?	(The dog bites the man) An ky a wra bratha an den
Pandra wra an wylan gul?	(The herring gull flies in the air)
Pandra wra an asen gul?	(The donkey walks along)
Pandra wra an hogh gul?	(The pig drives his car)
Pandra wra an morah gul?	(The dolphin swims in the sea)
Pandra wra an gath gul?	(The cat sits on the mat)
Pandra wra an grocadyl gul?	(The crocodile snaps her teeth)
Pandra wra an gasak cos gul?	(The woodpecker hammers on the tree)
Pandra wra an logosen gul?	(The mouse eats through the rope)

Gorthebow Deg
Answers Ten
Pandra wra - What does ...?

Govynnadow	Gorthebow
Pandra wra an ky gul?	(The dog bites the man) An ky a wra bratha an den
Pandra wra an wylan gul?	(The herring gull flies in the air) An wylan a wra neyja y'n ayr
Pandra wra an asen gul?	(The donkey walks along) An asen a wra kerdhes a hes
Pandra wra an hogh gul?	(The pig drives his car) An hogh a wra dryvya y gar
Pandra wra an morah gul?	(The dolphin swims in the sea) An morah a wra neyja y'n mor
Pandra wra an gath gul?	(The cat sits on the mat) An gath a wra esedha war'n strayl
Pandra wra an crocadyl gul?	(The crocodile snaps her teeth) An grocadyl a wra snappya hy dyns
Pandra wra an an gasak cos gul?	(The woodpecker hammers on the tree) An gasak cos a wra mordholya war'n wedhen
Pandra wra an logosen gul?	(The mouse eats through the rope) An logosen a wra debry der an lovan

Moy Usadow Leveryans
More Pronunciation Practice

The following are pronounced a little like a soft 'oo', but preceded by a very slight 'e' sound:

Bew	Dew	Lew	Rew	Tew
Life, Alive	*God, Two*	*Lion, Rudder*	*Ice, Frost*	*Thick, Fat*

These contain the 'dh' sound, a soft 'th' as in 'the' (but not thin):

A dhehow	Dheworth	Gwedhen	Menedhyow	Tredhek
To the right	*From*	*Tree*	*Hills, Mountains*	*Thirteen*

And these contain a short 'i' sound for the u (often written ü):

Budhy	Budhyn	Uskys	Uthek	Uthektra
To drown	*Meadow*	*Quick, Nimble*	*Terrible, Awe- inspiring*	*Greatly, Most terribly*

Moy Verbow
More Verbs
Physical Activity

Gul[1]	*to make*
Lafurya	*to work*
Gwary	*to play*
Cana	*to sing*
Golhy	*to wash*
Omwolhy	*to wash oneself*
Glanhe	*to clean*
Seghe	*to dry*
Scuba	*to brush*
Gwysca	*to dress, wear*
Esedha	*to sit*
Trega	*to live (dwell)*
Sevel	*to stand*
Senjy	*to hold*
Pellgows	*to telephone*
Clappya	*to chat, talk*
Redya	*to read*
Screfa	*to write*
Delynya	*to draw, design*
Usya	*to use*
Eva	*to drink*
Marhogeth	*to ride*

Mental Activity

Godhvos	*to know*
Predery[2]	*to think*
Supposya, Tyby	*to suppose*
Rekna	*to calculate*
Consydra	*to consider*
Desmygy	*to imagine, guess*
Hunrosa	*to dream*
Omwul	*to pretend*
Crejy	*to believe*
Assaya	*to try*
Senjy	*to take / hold a position*
Menya	*to mean*
Mennas	*to want*
Cara	*to love, like*
Casa, Hatya[3]	*to hate*
Aswon	*to recognise, or know a persor*

[1] **Gul** *is pronounced 'geel' and NEVER 'gool'. 'U' in Cornish has two quite distinct sounds - 'ee' or 'i' (sometimes written as a u with two dots overhead) as well as 'u' or 'oo' (which is often written as a u with a bar overhead).*

[2] **Predery** *is pronounced 'pr'DERRy'. Longer words usually have the stress on the second from last syllable.*

[3] **Hatya** *is pronounced 'hate-ya' rather than 'hatt-ya'. The 'ay' sound is frequently found in West Cornwall (for example in* <u>Praze</u>-an-Beeble).

Whethel Cot ha Nebes Govynnadow
A Short Story and Some Questions

Hanter woja seyth yn gorthewer yw. Ruth yw an howl ha jeyn yw an wyns. An gath a wra esetha war'n gadar. Ma'n gwely reb an gadar.

Yn mes an chy, ma fordh gans eglos ha dewotty adal dhe'n scol. Cosel yw an gorthewer ma ha lowen oma.

Gerva: **Yn mes** – outside; **best** – *animal*; **cosel** - *calm*

1.	P'uer yw?	
2.	Plema'n gath?	
3.	Plema'n gwely?	
4.	Py par yw an gewer?	
5.	Py lyw yw an howl?	
6.	Yw myttyn?	
7.	Yw gorthewer?	
8.	Ujy'n gath war'n gwely?	
9.	Plema'n scol?	
10.	Ues eglos war'n vordh?	
11.	Of vy tryst?	
12.	Pandra wra an gath gul?	
13.	Py lyes best ues warn gadar?	

Pyth yw an menyans an geryow ma yn Sawsnak?
What are the meanings of these words in English?

Cuen		Tus		Benenes	
Mowysy		Sothva Bost		Gwlyan	
Kegyner		Gwer		Hyr	
Drog		Eva		Cafus	
Claf		Kewer		Teg	
Gwynjak		Tam		Kembra	
Dheworth		Comol		Seyth	
Etek		Bys vyken		Coth	
Neyja		Glanhe		Melen	

Whethel Cot ha Nebes Gorthebow
A Short Story and Some Answers

Hanter woja seyth yn gorthewer yw. Ruth yw an howl ha jeyn yw an wyns. An gath a wra esetha war'n gadar. Ma'n gwely reb an gadar.
It is half past seven in the evening. The sun is red and the wind is cold. The cat sits on the chair. The bed is next to the chair.

Yn mes an chy, ma fordh gans eglos ha dewotty adal dhe'n scol. Cosel yw an gorthewer ma ha lowen oma.
Outside the side, there is a road with a church, and a pub opposite to the school. The eveing is calm, and I am happy.

Gerva: **Yn mes** – outside; **best** – *animal*; **cosel** - *calm*

1.	P'uer yw?	Hanter woja seyth yw.
2.	Plema'n gath?	Ma'n gath warn cadar.
3.	Plema'n gwely?	Ma'n gwely reb an gadar.
4.	Py par yw an gewer?	Jeyn yw an wyns / an gewer.
5.	Py lyw yw an howl?	Ruth yw an howl.
6.	Yw myttyn?	Nag yw. Nynj yw myttyn.
7.	Yw gorthewer?	Yw. Gorthewer yw.
8.	Ujy'n gath war'n gwely?	Nag ujy. Nyns ujy'n gath war'n gwely.
9.	Plema'n scol?	Ma'n scol adal dhe'n dewotty.
10.	Ues eglos war'n vordh?	Ues. Ma eglos war'n vordh.
11.	Of vy tryst?	Nag of. Nynj oma tryst / nynj of vy tryst.
12.	Pandra wra an gath gul?	An gath a wra esetha war'n gadar.
13.	Py lyes best ues warn gadar?	Ma un best war'n gadar.

Pyth yw an menyans an geryow ma yn Sawsnak?
What are the meanings of these words in English?

Cuen	*Dogs*	Tus	*Men*	Benenes	*Women*
Mowysy	*Girls*	Sothva Bost	*Post office*	Gwlyan	*Herring gull*
Kegyner	*Cook*	Gwer	*Green*	Hyr	*Long, tall*
Drog	*Bad*	Eva	*To drink*	Cafus	*To have, find, get*
Claf	*Sick*	Kewer	*Weather*	Teg	*Fine, pretty*
Gwynjak	*Windy*	Tam	*A bit*	Kembra	*Wales*
Dheworth	*From*	Comol	*Cloud*	Seyth	*Seven*
Etek	*Eighteen*	Bys vyken	*For ever*	Coth	*Old*
Neyja	*To swim, to fly*	Glanhe	*To clean*	Melen	*Yellow*

Dyscas Unnek
Lesson Eleven
An teylu - The family

Gerva

Mam	*Mother*
Tas[1]	*Father*
Mab	*Son*
Myrgh	*Daughter*
Gour	*Husband*
Gwreg	*Wife*
Broder	*Brother*
Whor[2]	*Sister*
Kenderow[3]	*Cousin*
Modreb	*Aunt, Auntie*
Ewnter	*Uncle*
Noy	*Nephew*
Nyth	*Niece*
Damawyn[4]	*Grandmother*
Syrawyn	*Grandfather*
Myrghwyn	*Grand-daughter*
Mabwyn	*Grandson*
Floghwyn	*Grand-child*
Mam bysyth	*God-mother*
Tas bysyth	*God-father*
Flogh bysyth	*God-child*
Guhyth	*Daughter-in-law*
Duf	*Son-in-law*
Broder da	*Brother-in-law*
Whor dre laha	*Sister-in-law*
Gorow	*Male / masculine*
Benow	*Female / feminine*

Govynnadow

Pyw yw ef?	*Who is he?*
Pyw yw hy?	*Who is she?*
Pyw ynjy?	*Who are they?*
Py lyes ... ues genough why?	*How many ... do you have?*
Py gar[5] yw ef?	*What relation is he?*
Py gar yw hy?	*What relation is she?*
Py gar ynjy?	*What relation are they?*

Kefewey Kernuak

Ple'ma Mam? Ma Mam gans Modreb Cathy y'n esethva.

Ple'ma Damawyn? Ma Damawyn gans Kenderow Stefan ha Kenderow Jenefer y'n jardyn.

Ple'ma Ewnter Myhal? Ma Ewnter Myhal gans Tas y'n dewotty heb mar!

An flogh na, pyw yw hy? Daisy May yw an flogh na, hy yw myrghwyn Damawyn Wenna ha'n flogh bysyth vy.

Pygemmys person ues hedhyw? Pymp war'n ugans me a wra predery.

Gerva

Esethva	*sitting room*
Jardyn	*garden*
Heb mar	*of course, without doubt*
Flogh, flehes	*child, children*
Person	*person*
Me a wra predery	*I think*

---

[1] *Pronounced 'taze'.*
[2] *Pronounced 'H-wor'.*
[3] *Pronounced 'ken-DE-ro'.*
[4] *Always* **Damawyn** *and* **Syrawyn**, *NEVER* Mamwyn *or* Taswyn. *These are quite incorrect and should not be used.*
[5] **Car** *means 'relation', thus* **py gar**.

Usadow Unnek
Practice Eleven
An teylu - The family

Py gar yw ...?
Py gar yw Davyd dhe Varya Me?
Davyd yw kenderow dhe Varya Me.

What relation is ...?
What relation is David to Mary May?
David is a cousin to Mary May.

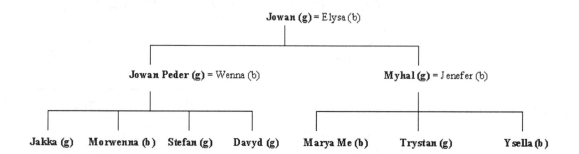

Gorthebeugh an govynnadow ma:

Py gar yw Stefan dhe Vorwenna[1]?	
Py gar yw Morwenna dhe Elysa?	
Py gar yw Wenna dhe Jowan Peder?	
Py gar yw Wenna dhe Elysa?	
Py gar yw Elysa dhe Drystan?	
Py gar yw Myhal dhe Jenefer?	
Py gar yw Marya Me dhe Ysella?	
Py gar yw Jenefer dhe Wenna?	
Py gar yw Jowan dhe Ysella?	
Py gar yw Jowan Peder dhe Vyhal?	
Py gar yw Marya Me dhe Wenna?	
Py gar yw Jenefer dhe Vorwenna?	
Py gar yw Stefan dhe Jakka?	
Py gar yw Jakka dhe Jowan?	
Py gar yw Elysa dhe Jowan?	
Py gar yw Davyd dhe Vyhal?	
Py gar yw Morwenna dhe Drystan?	
Py gar yw Jowan Peder dhe Jowan?	
Py gar yw Myhal dhe Vorwenna?	
Py gar yw Ysella dhe Stefan?	

[1] **Dhe** *'to', makes the following word soften (sometimes called a soft or second state mutation). M and B become V, T becomes D, D becomes DH, C and K becomes G, GW and G becomes W, P becomes B, CH becomes J and QU becomes GW. The soft mutation is the most common sound change that occurs in Cornish (see next page).*

Gorthebow Unnek
Answers Eleven
An teylu - The family

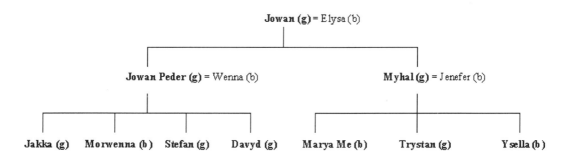

Gorthebeugh an govynnadow ma:

Py gar yw Stefan dhe Vorwenna?	Stefan yw broder Morwenna
Py gar yw Morwenna dhe Elysa?	Morwenna yw myrghwyn Elysa
Py gar yw Wenna dhe Jowan Peder?	Wenna yw gwreg Jowan Peder
Py gar yw Wenna dhe Elysa?	Wenna yw guhyth Elysa
Py gar yw Elysa dhe Drystan?	Elysa yw damawyn Drystan
Py gar yw Myhal dhe Jenefer?	Myhal yw gour Jenefer
Py gar yw Marya Me dhe Ysella?	Marya Me yw whor Ysella
Py gar yw Jenefer dhe Wenna?	Jenefer yw whor dre Iaha Wenna
Py gar yw Jowan dhe Ysella?	Jowan yw syrawyn Ysella
Py gar yw Jowan Peder dhe Vyhal?	Jowan Peder yw broder Myhal
Py gar yw Marya Me dhe Wenna?	Marya Me yw nyth Wenna
Py gar yw Jenefer dhe Vorwenna?	Jenefer yw modreb Vorwenna
Py gar yw Stefan dhe Jakka?	Stefan yw broder Jakka
Py gar yw Jakka dhe Jowan?	Jakka yw mabwyn Jowan
Py gar yw Elysa dhe Jowan?	Elysa yw gwreg Jowan
Py gar yw Davyd dhe Vyhal?	Davyd yw noy Myhal
Py gar yw Morwenna dhe Drystan?	Morwenna yw kenderow Drystan
Py gar yw Jowan Peder dhe Jowan?	Jowan Peder yw mab Jowan
Py gar yw Myhal dhe Vorwenna?	Myhal yw ewnter Morwenna
Py gar yw Ysella dhe Stefan?	Ysella yw kenderow Stefan

Table of soft mutations:

Before	After
b, m	v
c, k	g
ch	j
d	dh
g, gw	w[1]
p	b
qu	gw
t	d

What is a mutation?

*Mutations are found in Celtic languages. They occur when a word causes the first letter of the following word to be changed. In Cornish, there are four main types of mutation: **Soft**, **Aspirate**, **Hard** and **Mixed**. Generally you do not need to worry about them, just to notice that some words change the initial sound of the thing that follows. For example, a Soft Mutation causes Morwenna to be changed to Vorwenna after Dhe 'to'. Dhe causes a Soft Mutation to happen to b, m, c, k, ch, d, g, gw, p, qu, t (See table).*

[1] *Some words that begin with **g** lose the **g** altogether, e.g **Gorsaf** (station), **An Orsaf** (the station).*

Moy Usadow Unnek
More Practice Eleven

A nynj yw Stefan broder Morwenna?	*Isn't Stefan Morwenna'a brother?*
Yw.	*Yes.*
Stefan yw broder Morwenna.	*Stefan is Morwenna's brother.*
Nag yw.	*No.*
Nynj yw Stefan broder Morwenna.	*Stefan is not Morwenna's brother.*

Gorthebeugh:

	Yes.	.. is ..	No.	.. is not ..
A nynj yw Marya Me whor Ysella?				
A nynj yw Elysa damawyn Drystan?				
A nynj yw Stefan broder Jakka?				

Gerva

Kensa	*First*
Secund	*Second*
Treja	*Third*
Peswara	*Fourth*
Pympes	*Fifth*
Wheghves, Wheffes	*Sixth*
Seythves	*Seventh*
Ethves	*Eighth*
Nawves	*Ninth*
Degves	*Tenth*
Unnegves	*Eleventh*
Dewdhegves	*Twelfth*
Tredhegves	*Thirteenth*
Peswardhegves	*Fourteenth*
Pymthegves	*Fifteenth*
Whetegves	*Sixteenth*
Seytegves	*Seventeenth*
Etegves	*Eighteenth*
Nawnjegves	*Nineteenth*
Ugansves	*Twentieth*
Kensa war'n ugans	*Twenty-first*
Degves warn ugans	*Thirtieth*
Dewgansves	*Fourtieth*
Hantercansves	*Fiftieth*
Tryugansves	*Sixtieth*
Cansves	*Hundredth*

Ensomplow:

Stefan yw an kensa broder Jakka	Stephen is Jack's first brother
Davyd yw an secund boder Jakka	David is Jack's second brother
An vledhen ma yw an dewvylves woja denethyans Jesu	This year is the two thousandth after Jesus' birth.

Dyscas Dewdhek
Lesson Twelve
What, where and when do things happen?

Screfeugh pymp govyn ha pymp gordhyb yn Kernuak dhe bub sort a govyn.
Write five questions and five answers in Cornish for each sort of question. Use different doing words and different objects for each. Each question will start with **Pandra wreugh why, Ple whreugh why** *or* **Pan wreugh why**.

Ensompel:

| Pandra wreugh why gul gans lyver? | *What do you do with a book?* |
| Me a wra redya. | *I (do) read.* |

| Ple whreugh[1] why dewrosa? | *Where do you cycle?* |
| Me a wra dewrosa war'n vordh. | *I (do) cycle on the road.* |

| Pan wreugh why debry? | *When do you eat?* |
| Me a wra debry dhe hanter woja whegh. | *I (do) eat at half past six.* |

Ple whreugh why mos neyja?

Gerva

Pyskessa	*to fish*
Gwary	*to play (games, acting)*
Spedya	*to speed*
Clappya	*to talk / chat*
Bosty	*Restaurant*
Gwaryva	*Pitch, sportsground*
Gwelen byskessa	*Fishing rod*
Motorvordh	*Motorway*
Carhens Dewblek	*Dual carriageway*

[1] *Note that instead of* **wreugh**, **whreugh** *is used. This is because* **Ple** *(from* **py le**) *turns* **wreugh** *into* **whreugh**.

Dyscas Tredhek
Lesson Thirteen
Perhenogath – Possessions

Ma ... vy	*My*
Dha[1] ... jy	*Your (sing)*
Y ... ef	*His*
Hy[2] ... hy	*Her*
Agan ... ny	*Our*
Agas ... why	*Your (pl)*
Aga ... ynjy	*Their*

Ensomplow:

Ma chy vy[3]	*My house*
Dha jy jy[4]	*Your house*
Y jy ef	*His house*
Hy chy hy	*Her house*
Agan chy ny	*Our house*
Agas chy why	*Your house*
Aga chy ynjy	*Their house*

Table of aspirate mutations:

Before	After
c, k	h
p	f
qu	wh
t	th

For example: **hy hath** *'her cat',* **aga har** *'their car'.*

It is usual in spoken Cornish only to use either the first part, for example Agan Tavas, *or the last part* Tavas Ny, *both of which mean 'Our Language'. When used together, for example* Agan Tavas Ny, *the meaning is much stronger, Our Language.*

Usadow:

My cat		*His pub*	
Our tree		*Their house*	
Your (sing) man		*Her mother*	
Your (pl) dog		*His flag*	

Moy usadow:

I love[5] my cat	
You loved your dog	
He milked[6] his cow	
She reads her book	
We painted our house	
You phone your father on Tuesdays	
They heard[7] their song on the radio	

Note: Answers to these two exercises may be found after Dyscas Peswardhek.

---

[1] *Note that both* **dha** *'your' and* **y** *'his' cause a soft mutation to occur (see* **Dyscas Unnek***).*

[2] **Hy** *'her' and* **aga** *'their' cause an aspirate mutation. See table of aspirate mutations above.*

[3] **Ma** *and* **ow** *mean exactly the same thing 'my' e.g.* **ow chy vy** *is identical to* **ma chy vy***. Vy may also be spelt* **ve***.*

[4] **Jy jy** *is pronounced 'jye jee', from* **chy** *(house) and* **jy** *(your).* **Jy** *(your) may also be spelt* **je***, which differentiates it from the 'jye' sound.*

[5] **Cara***, to love.*

[6] **Codra***, to milk.*

[7] **Clowes***, to hear.*

Dyscas Peswardhek
Lesson Fourteen
Govynnadow y'n uer ma - Questions about the present

The following are the question forms for **Gul** *(to do or make):*

A wraf vy ...	*Do I ...?*
A wrama ...	*Do I ...?*
A wreta ...	*Do you ...?*
A wra ef ...	*Does he ...?*
A wrava ...	*Does he ...?*
A wra hy ...	*Does she ...?*
A wren ny ...	*Do we ...?*
A wreugh why ...	*Do you ...?*
A wronjy ...	*Do they ...?*

Answer the following questions in Cornish with a positive statement: [1]

A wrama kerdhes ky vy[2] y'n nos?	Te a wra kerdhes ky vy y'n nos
A wreta dryvya dha gar dhe'n sothva?	
A wrava usya pluven dhe dhelynya[3]?	
A wra hy marhogeth margh hy war'n vordh?	
A wren ny eva agan coref lemmyn?	
A wreugh why mennas[4] agas sagh?	
A wronjy clowas clegh jy?	
A wraf vy cows dhodho[5] hedhyw?	
A wreta godhvos an vordh?	
A wra ef dysquedhes promys[6]?	
A wra hy gwysca hy hot hy yn eglos?	
A wreugh why gwary hockey?	
A wreugh why spedya war'n motorvordh?	
A wronjy debry y'n bosty?	
A wren ny clappya?	
A wren ny omlath dh'agan bro ny[7]?	
A wreugh why cara kentrevak why?	
A wronjy leverel[8] an gwyryonath[9]?	

---

[1] *A negative statement can also be made easily, by using* **na** *instead of* **a**. **Me na wra clappya** *means 'I do not talk'.*

[2] **Ky vy**, *my dog.* **Hy hot**, *her hat.* **Dha gar**, *your car.* **Clegh jy**, *their bells.* **Margh hy**, *her horse.* **Agan coref**, *our beer.* **Agas sagh**, *your bag.* **Kentrevak why**, *your neighbour.*

[3] **Delynya**, *to draw, to design.*

[4] **Mennas**, *to want.*

[5] **Dhodho**, *to him.*

[6] **Promys**, *(a) promise.*

[7] **Leverel**, *to tell, to say.* **Lavar**, *a saying.*

[8] **Omlath dh'agan bro**, *fight for our land.*

[9] **Gwyryonath**, *truth.* **Gwyr**, *true.* **Gowegnath**, *untruth.* **Gow**, *false, a lie.*

Gorthebow Peswardhek
Answers Fourteen
Govynnadow y'n uer ma - Questions about the present

My cat	Ma gath vy	*His pub*	Y dhewotty ef
Our tree	Agan gwedhen ny	*Their house*	Aga chy ynjy
Your (sing.) man	Dha den jy	*Her mother*	Hy vam hy
Your (plural) dog	Agas ky why	*His flag*	Y vaner ef

I love my cat	Me a wra cara ma gath vy
You loved your dog	Te a wrug cara dha jy je
He milked his cow	Ef a wrug codra y vugh ef
She reads her book	Hy a wra redya hy lyver hy
We painted our house	Ny a wrug payntya agan chy ny
You phone your father on Tuesdays	Why a wra pellgows agas tas why pub De Merth
They heard their song on the radio	Ynjy a wrug clowes aga can ynjy war'n radyo

A wrama kerdhes ky vy y'n nos?	Te a wra kerdhes ky vy y'n nos
A wreta dryvya dha gar dhe'n sothva?	Me a wra dryvya dha gar dhe'n sothva
A wrava usya pluven dhe dhelynya?	Ef a wra usya pluven dhe dhelynya
A wra hy marhogeth margh hy war'n vordh?	Hy a wra marhogeth margh hy war'n vordh
A wren ny eva agan coref lemmyn?	Ny a wra eva agan coref lemmyn
A wreugh why mennas agas sagh?	Me/Ny a wra mennas agas sagh
A wronjy clowas clegh jy?	Ynjy a wra clowas clegh jy
A wraf vy cows dhodho hedhyw?	Me a wra cows dhodho hedhyw
A wreta godhvos an vordh?	Me a wra godhvos an vordh
A wra ef dysquedhes promys?	Ef a wra dysquedhes promys
A wra hy gwysca hy hot hy yn eglos?	Hy a wra gwysca hy hot hy yn eglos
A wreugh why gwary hockey?	Me/Ny a wra gwary hockey
A wreugh why spedya war'n motorvordh?	Me/Ny a wra spedya war'n motorvordh
A wronjy debry y'n bosty?	Ynjy a wra debry y'n bosty
A wren ny clappya?	Ny a wra clappya
A wren ny omlath dh'agan bro ny?	Ny a wra omlath dh'agan bro ny
A wreugh why cara kentrevak why?	Me/Ny a wra cara kentrevak why
A wronjy leverel an gwyryonath?	Ynjy a wra leverel an gwyryonath

Whethel Cot ha Nebes Govynnadow
A Short Story and Some Questions

Me a wra lafurya yn Redruth. Me a wra dyfuna adro dhe hanter woja whegh pub dedh ha kemeres an bus ena. Pan wrama dos yn Redruth, me a wra kerdhes dres an dre dhe'n sothva, pensothva an cowethas henwys 'Ynformatek'. Ny a wra gul dafar tredanegek.

An sothva yw bras gans muer gweder dhe'n rag. Owth ober yw dhe jekkya dafar kens bos danvonys tramor. Pub prys crowst yn haf, me a wra esetha yn park ha debry ow pasty hag eva ma te.

Gerva: **dres** – *across;* **pub dedh** – *every day;* **pensothva an cowethas** – *head office of the company;* **henwys** – *called;* **dafar** – *equipment;* **tredanegek** – *electronic;* **gweder** – *glass;* **chekkya** – *to check;* **kens** – *before;* **danvonys** – *sent;* **crowst** – *lunch;* **haf** – *summer.*

1.	Ple whrama lafurya?	
2.	Dhe b'uer wrama dyfuna?	
3.	Fatla (how) wrama mos dhe Redruth?	
4.	Pyth yw an hanow cowethas vy?	
5.	Pandra wra cowethas vy gul?	
6.	Py par yw an bensothva?	
7.	Pandra wrama gul y'n cowethas?	
8.	Ple whrama mos dres prys crowst?	
9.	Pandra wrama eva?	

Treleugh dhe'n Gernuak:

Boys		Women		Mouse	
Snake		Library		Thousand	
Uncle		Brown		Thin	
Good		To write		To take	
Excellent		Time		Ugly	
Sunny		Much		Brittany	
To		Snow		Six	
Thirteen		Already		New	
To play		To dress		Black	

Whethel Cot ha Nebes Gorthebow
A Short Story and Some Answers

Me a wra lafurya yn Redruth. Me a wra dyfuna adro dhe hanter woja whegh pub dedh ha kemeres an bus ena. Pan wrama dos yn Redruth, me a wra kerdhes dres an dre dhe'n sothva, pensothva an cowethas henwys 'Ynformatek'. Ny a wra gul dafar tredanegek.
I work in Redruth. I awake about half past six every day and take the bus there. When I arrive in Redruth, I walk around the town to the office, the head office of the company called 'Ynformatek'. We make electronic equipment.

An sothva yw bras gans muer gweder dhe'n rag. Owth ober yw dhe jekkya dafar kens bos danvonys tramor. Pub prys crowst yn haf, me a wra esetha yn park ha debry ow pasty hag eva ma te.
The office is large with much glass at the front. My work is to check equipment before being shipped overseas. Every lunch time in summer, I sit in the park and eat my pasty and drink my tea.

Gerva: **dres** – *across;* **pub dedh** – *every day;* **pensothva an cowethas** – *head office of the company;* **henwys** – *called;* **dafar** – *equipment;* **tredanegek** – *electronic;* **gweder** – *glass;* **chekkya** – *to check;* **kens** – *before; danvonys* – *sent;* **crowst** – *lunch;* **haf** – *summer.*

1.	Ple whrama lafurya?	Me a wra lafurya yn Redruth.
2.	Dhe b'uer wrama dyfuna?	Me a wra dyfuna adro dhe hanter woja whegh.
3.	Fatla (how) wrama mos dhe Redruth?	Me a wra kemeres an bus dhe Redruth, ha me a wra kerdhes dres an dre.
4.	Pyth yw an hanow cowethas vy?	Ynformatek yw an hanow cowethas vy.
5.	Pandra wra cowethas vy gul?	Ynformatek a wra gul dafar tredanegek.
6.	Py par yw an bensothva?	An bensothva yw bras gans muer gweder dhe'n rag
7.	Pandra wrama gul y'n cowethas?	Me a wra chekkya dafar.
8.	Ple whrama mos dres prys crowst?	Me a wra mos dhe'n park / me a wra esetha yn'n park.
9.	Pandra wrama eva?	Me a wra eva te.

Treleugh dhe'n Gernuak:

Boys	Mebyon	*Women*	Benenes	*Mouse*	Logosen
Snake	Sarf	*Library*	Lyverva	*Thousand*	Myl
Uncle	Ewnter	*Brown*	Gell	*Thin*	Mon
Good	Da	*To write*	Screfa	*To take*	Kemeres
Excellent	Brentyn	*Time*	Amser, prys, termyn	*Ugly*	Hager
Sunny	Howlak	*Much*	Muer	*Brittany*	Breten vean
To	Dhe	*Snow*	Ergh	*Six*	Whegh
Thirteen	Tredhek	*Already*	Solabrys	*New*	Noweth
To play	Gwary	*To dress*	Gwysca	*Black*	Du

Dyscas Pymthek
Lesson Fifteen
Ow cul taclow y'n uer ma - Doing things in the present

Asking questions that have a 'Yes' or 'No' answer with **gul** *(to do):*

A wreugh why motordewrosa dhe scol?	*Do you motorcycle to school?*
Gwraf. Me a wra motordewrosa.	*Yes. I do motorcycle.*
Na wraf. Me na wra motordewrosa.	*No. I do not motorcycle.*

Gerva

Dewros, Dewrosa	*Bicycle, to cycle*
Jardyn / lowarth, Lowartha	*Garden, to garden*
Gweythva, Studhya	*Study (room), to study*
Gwaryva, Gwary	*Playing field, to play*
Shoppa, Shoppya	*Shop, to shop*
Lafurya[1]	*to work*
Cuska	*to sleep*
Dyfuna[2]	*to awake*
Kemeres	*to take*
Asclejen, Asclas	*chip, chips*
Cresyk, cresygow	*crisp, crisps*
Paper newodhow	*newspaper*

Gorthebeugh yn Kernuak:

A wreugh why cara asclas?	*Yes, I like crisps*	*No, I do not like crisps*	*No, I hate crisps*
A wreugh why dryvya dhe'n dewotty?	*Yes, I drive to the pub.*	*No, I do not drive to the pub*	*No, I walk to the pub*
A wreugh why neyja y'n pol?	*Yes, I swim in the pool*	*No, I do not swim in the pool*	*No, I drink tea in the pool*
A wreta[3] lafurya yn Penzans?	*Yes, I work in Penzance*	*No, I do not work in Penzance*	*No, I work in Cardiff now*
A wreugh why cara lowartha?	*Yes, I like gardening*	*No, I do not like gardening*	*No, I like playing golf*
A wreta redya an paper newodhow?	*Yes, I read the newspaper*	*No, I do not read the newspaper*	*No, I read the Beano*

---

[1] *Pronounced 'la-VEER-ya'.*

[2] *Pronounced 'd-FEE-na'.*

[3] **A wreta** *is the personal or singular form. If in doubt, you should use the form* **A wreugh why**, *which is the polite or plural form.*

Dyscas Pymthek pesyes
Lesson Fifteen continued
Ow cul taclow y'n uer ma, Ea/na - Doing things in the present, Yes/No

The following shows the way to say 'Yes' and 'No' for doing things in the present:

Question	Yes.	Do ...	No.	Do not ...
A wraf vy / wrama ...?	Gwraf.	Me a wra	Na wraf.	Me na wra
A wreta ...?	Gwreta.	Te a wra	Na wreta.	Te na wra
A wra ef / wrava ...?	Gwra.	Ef a wra	Na wra.	Ef na wra
A wra hy ...?	Gwra.	Hy a wra	Na wra.	Hy na wra
A wren ny ...?	Gwren.	Ny a wra	Na wren.	Ny na wra
A wreugh why ...?	Gwreugh.	Why a wra	Na wreugh.	Why na wra
A wronjy ...?	Gwrons.	Ynjy a wra	Na wrons.	Ynjy na wra

Gorthebeugh an re ma:

Govyn	Ea	... a wra ...	Na	... na wra ...
A wrama kerdhes ky vy y'n nos?	Gwreta	Te a wra kerdhes ky vy y'n nos.	Na wreta	Te na wra kerdhes ky vy y'n nos.
A wreta dryvya dha gar dhe'n sothva?				
A wrava usya pluven dhe dhelynya?				
A wra hy marhogeth margh hy war'n vordh?				
A wren ny eva agan coref lemmyn?				
A wreugh why mennas agas sagh?				
A wronjy clowas clegh jy?				
A wraf vy cows dhodho hedhyw?				
A wreta godhvos an vordh?				
A wra ef dysquedhes promys?				
A wra hy gwysca hy hot hy yn eglos?				
A wreugh why spedya war'n motorvordh?				
A wren ny clappya?				
A wreugh why cara kentrevak why?				
A wronjy leverel an gwyryonath?				

Gorthebow Pymthek
Answers Fourteen
Ow cul taclow y'n uer ma - Doing things in the present

Gorthebeugh yn Kernuak:

A wreugh why cara asclas?	*Yes, I like crisps* Gwraf. Me a wra cara asclas.	*No, I do not like crisps* Na wraf. Me na wra cara asclas.	*No, I hate crisps* Na wraf. Me a wra hatya asclas.
A wreugh why dryvya dhe'n dewotty?	*Yes, I drive to the pub.* Gwraf. Me a wra dryvya dhe'n dewotty.	*No, I do not drive to the pub* Na wraf. Me na wra dryvya dhe'n dewotty.	*No, I walk to the pub.* Na wraf. Me a wra kerdhes dhe'n dewotty.
A wreugh why neyja y'n pol?	*Yes, I swim in the pool* Gwraf. Me a wra neyja y'n pol.	*No, I do not swim in the pool* Na wraf. Me na wra neyja y'n pol.	*No, I drink tea in the pool* Na wraf. Me a wra eva te y'n pol.
A wreta lafurya yn Penzans?	*Yes, I work in Penzance* Gwraf. Me a wra lafurya yn Penzans.	*No, I do not work in Penzance* Na wraf. Me na wra lafurya yn Penzans.	*No, I work in Cardiff now* Na wraf. Me a wra lafurya yn Kerdaff lemmyn.
A wreugh why cara lowartha?	*Yes, I like to garden* Gwraf. Me a wra cara lowartha.	*No, I do not like to garden* Na wraf. Me na wra cara lowartha.	*No, I like to play golf* Na wraf. Me a wra cara gwary golf.
A wreta redya an paper newodhow?	*Yes, I read the newspaper* Gwraf. Me a wra redya an paper newodhow.	*No, I do not read the newspaper* Na wraf. Me na wra redya an paper newodhow.	*No, I read the Beano* Na wraf. Me a wra redya an Beano.

Moy Usadow Leveryans
More Pronunciation Practice

Kernuak	**Leveryans**	**Sawsnak**
Seyth	Sigh-th	*Seven*
Seythen	**Sigh**-th-n	*Week*
Neyja	Nigh-ja	*To swin, fly*
Unweyth	**Een**-wigh-th	*Once*
Androweyth	**An**-dro-wigh-th	*This afternoon*

Gorthebow Pymthek pesyes
Answers Fourteen continued
Ow cul taclow y'n uer ma, Ea/na - Doing things in the present, Yes/No

Govyn	Ea	... a wra ...	Na.	... na wra ...
A wrama kerdhes ky vy y'n nos?	Gwreta	Te a wra kerdhes dha gy y'n nos.	Na wreta	Te na wra kerdhes dha gy y'n nos.
A wreta dryvya dha gar dhe'n sothva?	Gwraf	Me a wra dryvya ma car dhe'n sothva.	Na wraf	Me na wra dryvya ma car dhe'n sothva.
A wrava usya pluven dhe dhelynya?	Gwra	Ef a wra usya pluven dhe dhelynya.	Na wra	Ef na wra usya pluven dhe dhelynya.
A wra hy marhogeth margh hy war'n vordh?	Gwra	Hy a wra marhogeth margh hy war'n vordh.	Na wra	Hy na wra marhogeth margh hy war'n vordh.
A wren ny eva agan coref lemmyn?	Gwren	Ny a wra eva agan coref lemmyn.	Na wren	Ny na wra eva agan coref lemmyn.
A wreugh why mennas agas sagh?	Gwraf	Me a wra mennas ma sagh.	Na wraf	Me na wra mennas ma sagh.
A wronjy clowas clegh jy?	Gwrons	Ynjy a wra clowas clegh jy.	Na wrons	Ynjy na wra clowas clegh jy.
A wraf vy cows dhodho hedhyw?	Gwreta	Te a wra cows dhodho hedhyw.	Na wreta	Te na wra cows dhodho hedhyw.
A wreta godhvos an vordh?	Gwraf	Me a wra godhvos an vordh.	Na wraf	Me na wra godhvos an vordh.
A wra ef dysquedhes promys?	Gwra	Ef a wra dysquedhes promys.	Na wra	Ef na wra dysquedhes promys.
A wra hy gwysca hy hot hy yn eglos?	Gwra	Hy a wra gwysca hy hot hy yn eglos.	Na wra	Hy na wra gwysca hy hot hy yn eglos.
A wreugh why spedya war'n motorvordh?	Gwraf	Me a wra spedya war'n motorvordh.	Na wraf	Me na wra spedya war'n motorvordh.
A wren ny clappya?	Gwren	Ny a wra clappya.	Na wren	Ny na wra clappya.
A wreugh why cara kentrevak why?	Gwraf	Me a wra cara kentrevak vy.	Na wraf	Me na wra cara kentrevak why.
A wronjy leverel an gwyryonath?	Gwrons	Ynjy a wra leverel an gwyryonath.	Na wrons	Ynjy na wra leverel an gwyryonath.

Whethel Cot
A short story

Treleugh:

Mester Dick Davey a Borth Enys yw hanow vy.[1] An Sothva Bost Coth[2] yw hanow a'n chy vy. Gwyn yw, gans fenestry gell ha bean, ha darras melen.

'Ma dewotty reb chy vy, hag adal lyverva ha scol. Yndan lyverva, 'ma gwerthjy lyfrow.[3]

Y'n fenester an gwerthjy lyfrow, 'ma cath goth. Hanow hy yw 'Morlader', bo 'Pirate' yn Sawsnak. 'Ma peswar ky y'n dewotty, henwys[4] 'Tinkerbelle', 'Tonibelle', 'Mirabelle' ha 'Fred'.

Pyth yw hanow vy?	
Pyth yw hanow an dre vy?	
Pyth yw hanow an chy vy?	
Yw an sothva bost noweth?	
Yw an sothva bost coth?	
Py lyw yw An Sothva Bost Coth?	
Py lyw yw fenestry ef?	.
Yw an fenestry bras?	
Yw an fenestry bean?	
Py lyw yw darras ef?	
Ple'ma'n chy vy?	
Ujy'n chy reb an dewotty?	
Ujy'n chy adal dhe'n dewotty?	
Pyth ues yndan an lyverva?	
Ple'ma'n scol?	
Pyth ujy'n fenester gwerthjy lyfrow?	
Pyth yw hy hanow hy?	
Pyth yw an styryans[5] a 'Morlader' yn Sawsnak?	
Ues peder gath yn dewotty?	
Ues peswar ky y'n dewotty?	
Pyth yw henwyn ynjy?[6]	

---

[1] Hanow vy, *my name,* Chy vy, *my house,* Hanow hy, *her name,* Fenestry ef, *its (his) windows.*
[2] Coth, *old.* Noweth, *new.*
[3] Lyfrow, *books.* Lyver, *book.*
[4] Henwys, *named.*
[5] Styryans (bo menyans), *meaning.*
[6] Henwyn ynjy, *their names.*

Whethel Cot - Gorthebow
A short story - answers

Mester Dick Davey a Borth Enys yw hanow vy. An Sothva Bost Coth yw hanow a'n chy vy. Gwyn yw, gans fenestry gell ha bean, ha darras melen.
My name is Mister Dick Davey of Porth Enys (Mousehole). The name of my house is 'The Old Post Office'. It is white, with little brown windows, and a yellow door.

Ma dewotty reb chy vy, hag adal lyverva ha scol. Yndan lyverva, ma gwerthjy lyfrow.
The pub is next to my house, and opposite a library and school. Under the library, is a book shop.

Y'n fenester an gwerthjy lyfrow, 'ma cath goth. Hanow hy yw 'Morlader', bo 'Pirate' yn Sawsnak. 'Ma peswar ky y'n dewotty, henwys 'Tinkerbelle', 'Tonibelle', 'Mirabelle' ha 'Fred'.
In the window of the book shop is an old cat. Her name is 'Morlader' or 'Pirate' in English. There are four dogs in the the pub, named 'Tinkerbelle, 'Tonibelle', 'Mirabelle' and 'Fred'.

Pyth yw hanow vy?	Mester Dick Davey yw hanow vy.
Pyth yw hanow an dre vy?	Porth Enys yw hanow an dre vy.
Pyth yw hanow an chy vy?	An Sothva Bost Coth yw hanow an chy vy.
Yw an sothva bost noweth?	Nag yw. Nynj yw noweth an sothva bost.
Yw an sothva bost coth?	Yw. Coth yw an sothva bost.
Py lyw yw An Sothva Bost Coth?	Gwyn yw An Sothva Bost Coth.
Py lyw yw fenestry ef?	Gell yw an fenestry.
Yw an fenestry bras?	Nag yw. Nynj yw bras an fenestry.
Yw an fenestry bean?	Yw. Bean yw an fenestry.
Py lyw yw darras ef?	Melen yw an darras ef.
Ple'ma'n chy vy?	Ma'n chy vy reb an dewotty.
Ujy'n chy reb an dewotty?	Ujy. 'Ma'n chy reb an dewotty.
Ujy'n chy adal dhe'n dewotty?	Nag ujy. Nyns ujy'n chy adal an dewotty.
Pyth ues yndan an lyverva?	Ma'n gwerthjy lyfrow yndan' lyverva.
Ple'ma'n scol?	Ma scol adal an chy vy.
Pyth ujy'n fenester gwerthjy lyfrow?	Ma cath goth yn fenester gwerthjy lyfrow.
Pyth yw hy hanow hy?	Morlader yw an hanow hy.
Pyth yw an styryans a 'Morlader' yn Sawsnak?	'Pirate' yw an styryans a 'Morlader' yn Sawsnak.
Ues peder gath yn dewotty?	Nag ues. Nynj ues peder gath yn dewotty.
Ues peswar ky y'n dewotty?	Ues. 'Ma peswar ky yn dewotty.
Pyth yw henwyn ynjy?	Tinkerbelle, Tonibelle, Mirabelle ha Fred yw henwyn ynjy.

Dyscas Whetek
Lesson Sixteen
Ow cul taclow yn termyn passyes - Doing things in the past

Gerva

Kenedhlek	*National*
Fos	*Wall*
Mennas	*to want*
Cana	*to sing*
Gwaynya	*to win*
Mos	*to go*
Dos	*to come, to arrive*
Dalleth	*to start*
Gorfenna	*to finish*

Gul *(to make or do)*

Me a wrug	*I did / made*
Te a wrug	*You did / made (sing)*
Ef a wrug	*He did / made*
Hy a wrug	*She did / made*
Ny a wrug	*We did / made*
Why a wrug	*You did / made (pl)*
Ynjy a wrug	*They did / made*

Actions in the past work in much the same way as actions in the present tense (see earlier lessons).

Ensomplow:

Me a wrug mos dhe Gambron hedhyw.	*I went to Camborne today.*
Te a wrug redya an lyver ruth.	*You read the red book.*
Ef a wrug cuska der an jedh.	*He slept through the day.*
Hy a wrug dyfuna dhe hanterdedh.	*She awoke at midday.*
Ny a wrug dos dhe hanter woja eth.	*We arrived at half past eight.*
Why a wrug gorfenna dewetha De Sul.	*You finished last Sunday.*
Ynjy a wrug dalleth dewrosa yn Tryg.	*They started cycling in Trigg (N. Cornwall).*

Moy Ensomplow:

Me na wrug mennas mos.	*I did not want to go.*
Te na wrug y glowes.	*You did not hear it.*
Ef na wrug gweles henna.	*He did not see that.*
Hy na wrug cafus hy thas.	*She did not find her father.*
Ny na wrug cana an anthem kenedhlek	*We did not sing the national anthem.*
Why na wrug byldya an fos ma	*You did not build this wall.*
Ynjy na wrug gwaynya an rugby	*They did not win the rugby.*

Dyscas Whetek pesyes
Lesson Sixteen continued
Govynnadow yn kever an termyn passyes - Questions about the past

Gerva

A wrugaf vy ...?	Did I ...?
A wrussta ...?	Did you ...? (sing)
A wrug ef ...?	Did he ...?
A wrug hy ...?	Did she ...?
A wrussen ny ...?	Did we ...?
A wrussough why ...?	Did you ...? (pl)
A wrussonjy ...?	Did they ...?

Gorthebeugh gans 'a wrug' bo 'na wrug' yn gorthyb:

A wrussen ny eva coref y'n bosty?	Ny a/na wrug eva coref y'n bosty
A wrussough why mos dhe Lansen?	
A wrussonjy cafus agas mab?	
A wrugaf vy clappya pub dedh oll?	
A wrussta godhvos hemma?	
A wrug ef shoppya yn Tesco?	
A wrug hy dryvya hy har ena?	
A wrussough why gwaynya an hockey?	
A wrussough why mos a hes an motorvordh?	
A wrussonjy debry y'n dewotty?	
A wrussen ny predery yn y gever[1]?	
A wrussen ny omlath abarth Kernow[2]?	
A wrussough why cara an desen?	
A wrussonjy leverel an gwyryonath?	
A wrugaf vy bosa[3] an ky?	
A wrussta aswon an den?	
A wrugaf vy usya lyver-checken[4] vy?	
A wrug hy marhogeth hy margh y'n cos[5]?	

Pandra, Ple *and* Pan *are also used in the same way as for the present.*

Ensomplow:

Pandr'a wrussough why gul yn jardyn?
Pan wrussta lafurya y'n sothva?
Ple whrussonjy mos Nos Wener[6]?
Pan wrussen ny scodhya an bagas[7] Rugby Kembra?

---

[1] **Yn kever**, *'about' (a subject).* **Yn y gever**, *about it (him or her). Alternatively* **et y gever** *may be used.*
[2] **Abarth Kernow**, *for (on behalf of) Cornwall.*
[3] **Bosa**, *to feed.*
[4] **Lyver checken**, *cheque book.*
[5] **Cos**, *wood. Pronounced 'cooz' or 'coyz'.*
[6] **Nos Wener**, *Friday night.*
[7] **Scodhya an bagas**, *to support the team.*

Dyscas Whetek pesyes
Lesson Sixteen continued
Ow cul taclow y'n passyes, Ea/na - Doing things in the past, Yes/No

The following shows the way to say 'Yes' and 'No' for doing things in the past.

Question	Yes.	Did ...	No.	Did not ...
A wrugaf vy ...?	Gwrugaf.	Me a wrug	Na wrugaf.	Me na wrug
A wrussta ...?	Gwrussta.	Te a wrug	Na wrussta.	Te na wrug
A wrug ef ...?	Gwrug.	Ef a wrug	Na wrug.	Ef na wrug
A wrug hy ...?	Gwrug.	Hy a wrug	Na wrug.	Hy na wrug
A wrussyn ny ...?	Gwrussyn.	Ny a wrug	Na wrussyn.	Ny na wrug
A wrussough why ...?	Gwrussough.	Why a wrug	Na wrussough.	Why na wrug
A wrussonjy ...?	Gwrussons.	Ynjy a wrug	Na wrussons.	Ynjy na wrug

Gorthebeugh an re ma:

Govyn	Ea	... a wrug ...	Na	... na wrug ...
A wrugaf vy gwary pelldros[1] ena?	Gwrugaf	Me a wrug gwary pelldros ena.	Na wrugaf	Me na wrug gwary pelldros ena.
A wrussta kemeres mam vy tu ha tre[2]?				
A wrug ef gwary an delyn[3]?				
A wrug hy codra an buhes[4]?				
A wrussen ny debry kyg bowyn[5]?				
A wrussough why myras orthy[6]?				
A wrussonjy clowas an musek[7]?				
A wrugaf vy clappya dheugh why[8]?				
A wrussta godhvos an geryow[9]?				
A wrug hy gwysca hy hot hy hedhyw?				
A wrussen ny cows Kernuak?				

---

[1] **Pelldros**, *soccer.*
[2] **Tu ha tre**, *home, homewards.*
[3] **Telyn** (f), *harp.*
[4] **Codra an buhes**, *to milk the cows.*
[5] **Kyg bowyn**, *beef.* **Kyg**, *flesh/meat.*
[6] **Myras orthy**, *to look at her.*
[7] **Musek**, *music.*
[8] **Dheugh why**, *to you (plural or polite).*
[9] **Geryow**, *words.* **Ger**, *word.* **Gerva**, *vocabulary.*

Gorthebow Whetek
Answers Sixteen
Govynnadow yn kever an termyn passyes - Questions about the past

Gorthebeugh gans 'a wrug' bo 'na wrug' yn gorthyb:

A wrussen ny eva coref y'n bosty?	Ny a/na wrug eva coref y'n bosty
A wrussough why mos dhe Lansen?	Why a/na wrug mos dhe Lansen
A wrussonjy cafus agas mab?	Ynjy a/na wrug cafus agas mab
A wrugaf vy clappya pub dedh oll?	Me a/na wrug clappya pub dedh oll
A wrussta godhvos hemma?	Te a/na wrug godhvos hemma
A wrug ef shoppya yn Tesco?	Ef a/na wrug shoppya yn Tesco
A wrug hy dryvya hy har ena?	Hy a/na wrug dryvya hy har ena
A wrussough why gwaynya an hockey?	Why a/na wrug gwaynya an hockey
A wrussough why mos a hes an motorvordh?	Why a/na wrug mos a hes an motorvordh
A wrussonjy debry y'n dewotty?	Ynjy a/na wrug debry y'n dewotty
A wrussen ny predery yn y gever?	Ny a/na wrug predery yn y gever
A wrussen ny omlath abarth Kernow?	Ny a/na wrug omlath abarth Kernow
A wrussough why cara an desen?	Why a/na wrug cara an desen
A wrussonjy leverel an gwyryonath?	Ynjy a/na wrug leverel an gwyryonath
A wrugaf vy bosa an ky?	Me a/na wrug bosa an ky
A wrussta aswon an den?	Te a/na wrug aswon an den
A wrugaf vy usya lyver-checken vy?	Me a/na wrug usya lyver-checken vy
A wrug hy marhogeth hy margh y'n cos?	Hy a/na wrug marhogeth hy margh y'n cos

Moy Perhenogath
More Possessions

Treleugh dhe Gernuak:

His dog		**Their** book	
Her horse		**Your** (sing) pub	
My house		**Your** (plural) car	
Our language		**My** boat	

Treleugh dhe Sawsnak:

Aga thas ny		Agas gwely why	
Dha wedhen jy		Agan lyverva ny	
Ma/owth asen vy		Hy fluvak hy	
Y vord ef		Hy huen hy	

Gorthebow Whetek pesyes
Answers Sixteen continued
Ow cul taclow y'n passyes, Ea/na - Doing things in the past, Yes/No

Gorthebeugh a'n re ma:

Govyn	Ea	... a wrug ...	Na.	... na wrug ...
A wrugaf vy gwary pelldros ena?	Gwrugaf	Me a wrug gwary pelldros ena.	Na wrugaf	Me na wrug gwary pelldros ena.
A wrussta kemeres mam vy tu ha tre?	Gwrussta	Te a wrug kemeres mam vy tu ha tre.	Na wrussta	Te na wrug kemeres mam vy tu ha tre.
A wrug ef gwary an delyn?	Gwrug	Ef a wrug gwary an delyn.	Na wrug	Ef na wrug gwary an delyn.
A wrug hy codra an buhes?	Gwrug	Hy a wrug codra an buhes.	Na wrug	Hy na wrug codra an buhes.
A wrussen ny debry kyg bowyn?	Gwrussen	Ny a wrug debry kyg bowyn.	Na wrussen	Ny na wrug debry kyg bowyn.
A wrussough why myras orthy?	Gwrussough	Why a wrug myras orthy.	Na wrussough	Why na wrug myras orthy.
A wrussonjy clowas an musek?	Gwrussons	Ynjy a wrug clowas an musek.	Na wrussons	Ynjy na wrug clowas an musek.
A wrugaf vy clappya dheugh why?	Gwrugaf	Me a wrug clappya dheugh why.	Na wrugaf	Me na wrug clappya dheugh why.
A wrussta godhvos an geryow?	Gwrussta	Te a wrug godhvos an geryow.	Na wrussta	Te na wrug godhvos an geryow.
A wrug hy gwysca hy hot hy hedhyw?	Gwrug	Hy a wrug gwysca hy hot hy hedhyw.	Na wrug	Hy na wrug gwysca hy hot hy hedhyw.
A wrussen ny cows Kernuak?	Gwrussen	Ny a wrug cows Kernuak.	Na wrussen	Ny na wrug cows Kernuak.

Gorthebow - Moy Perhenogath
Answers - More Possessions

His dog	Y gy ef	*Their* book	Aga lyver ynjy
Her horse	Hy margh hy	*Your* (sing) pub	Dha dhewotty jy
My house	Ma chy vy	*Your* (plural) car	Agas car why
Our language	Agan tavas ny	*My* boat	Ma scath vy

Aga thas ny	*Our* father	Agas gwely why	*Your* (plural) bed
Dha wedhen jy	*Your* tree	Agan lyverva ny	*Our* library
Ma/owth asen vy	*My* donkey	Hy fluvak hy	*Her* pillow
Y vord ef	*His* table	Hy huen hy	*Her* dogs

Whethel Cot – An Clojy
A short story – The Hosptial

Treleugh:

Me a wrug mos dhe'n clojy an benseythen dewetha. Consel an dre a wrug byldya an clojy yn nawnjak cansvledhen ha dewdhek, saw a'n vledhen dewetha Trest an Yehes Poblek a wrug y ystynna. Lemmyn ma un cans gwely ha peswar luefvedhekva.

Awosa dew uer, ynjy re wrug dassettya ma ber terrys, ha me a wrug dewheles dhe Dregarrak arta. Me a wra crejy bos agan clojy fest da. Kens oll, me a wra cara an bobel ena, an medhyoresow ha'n medhegyon.

Gerva: penseythen dewetha – *last weekend*; consel – *council*; Trest an Yehes Poblek – *The Public Health Trust*; ystynna – *to extend*; luefvedhekva – *operating theatre*; re wrug – *had (done)*; dassettya – *to reset*; ber terrys – *a broken leg*; medhyores – *nurse*; medhek – *doctor*.

Govynnadow:

Pan wrugaf vy mos dhe'n clojy?	
Pyw a wrug byldya an clojy?	
Pan wrussonjy byldya an clojy?	
Pan wrussonjy y ystynna?	
Pyw a wrussonjy y ystynna?	
Py lyes gwely ues lemmyn?	
Py lyes luefvedhekva ues?	
Awos py termyn a wrussonjy dassetya ber vy?	
Ple whrugaf vy mos awos?	
Pandra wraf vy predery yn kever an clojy?	
Pyw wraf vy cara y'n clojy?	

Verbs with 'das'

Das- is frequently added to verbs to signify 'again', much like re- does in English. What are the meanings of the following?

Dasqueles (gweles)		Dastelynya (delynya)	
Daswul (gul)		Dastrehevel (drehevel – to erect)	
Dasbyldya		Dasleverel	
Dasusya		Dasscrefa	

Gorthebow - Whethel Cot – An Clojy
Answers - A short story – The Hosptial

Treleugh:

Me a wrug mos dhe'n clojy an benseythen dewetha. Consel an dre a wrug byldya an clojy yn nawnjak cansvledhen ha dewdhek, saw a'n vledhen dewetha Trest an Yehes Poblek a wrug y ystynna. Lemmyn ma un cans gwely ha peswar luefvedhekva.
I went to hospital last week. The Town Council built the hospital in 1912, but last year the Public Health Trust extended it. Now there are one hundred beds and four operating theatres.

Awosa dew uer, ynjy re wrug dassettya ma ber terrys, ha me a wrug dewheles dhe Dregarrak arta. Me a wra crejy bos agan clojy fest da. Kens oll, me a wra cara an bobel ena, an medhyoresow ha'n medhegyon.
After two hours they had reset my broken leg and I returned to Tregarrack again. I believe our hospital is very good. Above all, I like the people there, the nurses and the doctors.

Gerva: penseythen dewetha – *last weekend*; consel – *council*; Trest an Yehes Poblek – *The Public Health Trust*; ystynna – *to extend*; luefvedhekva – *operating theatre*; re wrug – *had (done)*; dassettya – *to reset*; ber terrys – *a broken leg*; medhyores – *nurse*; medhek – *doctor*.

Gorvynnadow:

Pan wrugaf vy mos dhe'n clojy?	Me a wrug mos dhe'n clojy an benseythen dewetha.
Pyw a wrug byldya an clojy?	Consel an dre a wrug byldya an clojy.
Pan wrussonjy byldya an clojy?	Ynjy a wrug byldya an clojy yn nawnjak cansvledhen ha dewdhek.
Pan wrussonjy y ystynna?	Ynjy a wrug y ystynna y'n vledhen dewetha.
Pyw a wrussonjy y ystynna?	Trest an Yehes Poblek a wrug y ystynna.
Py lyes gwely ues lemmyn?	Ma un cans gwely lemmyn.
Py lyes luefvedhekva ues?	Ma peswar luefvedhekva
Awos py termyn a wrussonjy dassetya ber vy?	Ynjy re wrug dassettya ma ber terrys awosa dew uer.
Ple whrugaf vy mos awos?	Me a wrug mos dhe Dregarrak awos.
Pandra wraf vy predery yn kever an clojy?	Me a wra crejy bos agan clojy fest da.
Pyw wraf vy cara y'n clojy?	Me a wra cara an bobel ena (an medhyoresow ha'n medhegyon).

Verbs with 'das'

Das- *is frequently added to verbs to signify 'again', much like re- does in English. What are the meanings of the following:*

Dasqueles	*To revise (review)*	Dastelynya	*To redraw*
Daswul	*To redo*	Dastrehevel	*To re-erect*
Dasbyldya	*To rebuild*	Dasleverel	*To repeat (say again)*
Dasusya	*To recycle*	Dasscrefa	*To copy, rewrite*

Dyscas Seytek
Lesson Seventeen
Ow cul taclow yn termyn a dhe - Doing things in the future

Mennas *(to want, or to do in the future)*

Me a vyn[1]	I will
Te a vyn	You will (sing)
Ef a vyn	He will
Hy a vyn	She will
Ny a vyn	We will
Why a vyn	You will (pl)
Ynjy a vyn	They will

Ensomplow:

Me a vyn myras orth an lestry	*I will watch the ships*	Ny a vyn debry crowst dhe hanterdedh	*We will eat lunch at midday*
Te a vyn payntya an chy	*You will paint the house*	Why a vyn clappya dhe'n creslu	*You will speak to the police*
Ef a vyn gwary gans an flehes	*He will play with the children*	Ynjy a vyn vysytya an clojjy	*They will visit the hospital*
Hy a vyn dysquedhes an den	*She will show the man*	Hy a vyn sawya an glevyon	*She will heal the sick*

The following are the question forms for Mennas (to want or intend to do):

A vennaf vy ...	*Will I ...?*
A venta ...	*Will you ...? (sing)*
A vyn ef ...	*Will he ...?*
A vyn hy ...	*Will she ...?*
A vennyn ny ...	*Will we ...?*
A vennough why ...	*Will you ...? (pl)*
A vennonjy ...	*Will they ...?*

Answer the following:[2]

A vennaf vy mos dhe'n clojy[3] hedhyw?	
A venta debry backen hag oyow[4]?	
A vyn ef gweles agan car noweth?	
A vyn hy hy dysquedhes[5] hemma?	
A vennyn ny eva coref[6] pub nos?	
A vennough why kerdhes dhe scol?	
A vennonjy hunrosa[7] haneth[8]?	

---

[1] *Pronounced* **vidn**. *Also* **A vennaf** – **a vednaf**, **A vennough why** – **A vednough why**.

[2] *As with* **a wra** *and* **a wrug**, *a vyn can also take* **na** *instead of* **a**, *to provide 'will not' e.g.* **Me na vyn**.

[3] **Clojy**, *hospital or sick house.*

[4] **Backen hag oyow**, *bacon and eggs.*

[5] **Hy dysquedhes**, *show her.*

[6] **Coref**, *ale (beer).*

[7] **Hunrosa**, *to dream.*

[8] **Haneth**, *tonight.*

Dyscas Seytek pesyes
Lesson Seventeen continued
Ow cul taclow y'n termyn a dhe, Ea/na - Doing things in the future, Yes/No

The following shows the way to say 'Yes' and 'No' for doing things in the future.

Question	Yes.	Will ...	No.	Will not ...
A vennaf vy ...?	Mennaf.	Me a vyn	Na vennaf.	Me na vyn
A venta ...?	Menta.	Te a vyn	Na venta.	Te na vyn
A vyn ef ...?	Myn.	Ef a vyn	Na vyn.	Ef na vyn
A vyn hy ...?	Myn.	Hy a vyn	Na vyn.	Hy na vyn
A vennyn ny ...?	Mennyn.	Ny a vyn	Na vennyn.	Ny na vyn
A vennough why ...?	Mennough.	Why a vyn	Na vennough.	Why na vyn
A vennonjy ...?	Mennons.	Ynjy a vyn	Na vennons.	Ynjy na vyn

Gorthebeugh an re ma:

Govyn	Ea	... a vyn ...	Na	... na vyn ...
A vennaf vy gwary y'n bagas[1]?	Menta	Te a vyn gwary y'n bagas.	Na venta	Te na vyn gwary y'n bagas.
A venta y gafus ena[2]?				
A vyn ef gweles an pell?				
A vyn hy codra an gavar[3]?				
A vennyn ny eva leth[4]?				
A vennough why pellgows ortho[5]?				
A vennonjy cana genough why[6]?				
A vennaf vy clappya dhodho[7]?				
A venta godhvos[8] an vordh?				
A vyn hy lafurya war De Sul[9]?				
A vennyn ny cows Sawsnak?				

---

[1] **Bagas**, *team, group.*
[2] **y gafus ena**, *find it/him there.*
[3] **Codra an gavar**, *to milk the goat.*
[4] **Leth**, *milk.*
[5] **Pellgows**, *to telephone.* **Ortho**, *at him or by him.* **Pellgows ortho**, *to phone him.*
[6] **Genough why**, *with you.*
[7] **Dhodho**, *to him.*
[8] **Godhvos**, *to know (a fact).*
[9] **De Sul**, *Sunday.*

Gorthebow Seytek
Answers Seventeen
Govynnadow yn kever an termyn a dhe - Questions about the future

Answer the following:

A vennaf vy mos dhe'n clojy hedhyw?	Me a/na vyn mos dhe'n clojy hedhyw.
A venta debry backen hag oyow?	Te a/na vyn debry backen hag oyow.
A vyn ef gweles agan car noweth?	Ef a/na vyn gweles agan car noweth.
A vyn hy hy dysquedhes hemma?	Hy a/na vyn hy dysquedhes hemma.
A vennyn ny eva coref pub nos?	Ny a/na vyn eva coref pub nos.
A vennough why kerdhes dhe scol?	Why a/na vyn kerdhes dhe scol.
A vennonjy hunrosa haneth?	Ynjy a/na vyn hunrosa haneth.

Gorthebeugh an re ma:

Govyn	Ea	... a vyn ...	Na.	... na vyn ...
A vennaf vy gwary y'n bagas?	Menta	Te a vyn gwary y'n bagas.	Na venta	Te na vyn gwary y'n bagas.
A venta y gafus ena?	Mennaf	Me a vyn y gafus ena.	Na vennaf	Me na vyn y gafus ena.
A vyn ef gweles an pell?	Myn	Ef a vyn gweles an pell.	Na vyn	Ef na vyn gweles an pell.
A vyn hy codra an gavar?	Myn	Hy a vyn codra an gavar.	Na vyn	Hy na vyn codra an gavar.
A vennyn ny eva leth?	Mennyn	Ny a vyn eva leth.	Na vennyn	Ny na vyn eva leth.
A vennough why pellgows ortho?	Mennaf	Me a vyn pellgows ortho.	Na vennaf	Me na vyn pellgows ortho.
A vennonjy cana genough why?	Mennons	Ynjy a vyn cana genough why.	Na vennons	Ynjy na vyn cana genough why.
A vennaf vy clappya dhodho?	Menta	Te a vyn clappya dhodho.	Na venta	Te na vyn clappya dhodho.
A venta godhvos an vordh?	Mennaf	Me a vyn godhvos an vordh.	Na vennaf	Me na vyn godhvos an vordh.
A vyn hy lafurya war De Sul?	Myn	Hy a vyn lafurya war De Sul.	Na vyn	Hy na vyn lafurya war De Sul.
A vennyn ny cows Sawsnak?	Mennyn	Ny a vyn cows Sawsnak.	Na vennyn	Ny na vyn cows Sawsnak.

Dyscas Etek
Lesson Eighteen
Gallus - To be able to do things

Gallus *(to be able to do)*

Me a yl	*I can*
Te a yl	*You can (sing)*
Ef a yl	*He can*
Hy a yl	*She can*
Ny a yl	*We can*
Why a yl	*You can (pl)*
Ynjy a yl	*They can*

Ensomplow:

Me a yl crambla warnans an leder	*I can climb down the cliff*	Ny a yl gwary rugby hedra wronjy	*We can play rugby whilst they do*
Te na yl gul pastys	*You cannot make pasties*	Why a yl tylly ortho	*You can pay for it*
Ef na yl y wul war y honen	*He cannot do it by himself*	Ynjy na yl dewrosa der an gwylfos	*They cannot ride through the (wild) forest*
Hy a yl bos mam	*She can be mother*	Te a yl debry henna mar menta	*You can eat that if you want to*

The following are the question forms for Gallus *(to be able to):*

A allam vy / A allaf vy ...	*Can I ...?*
A ylta / A yllyth ta ...	*Can you ...?*
A yl ef ...	*Can he ...?*
A yl hy ...	*Can she ...?*
A yllyn ny ...	*Can we ...?*
A yllough why ...	*Can you ...?*
A yllonjy ...	*Can they ...?*

Answer the following:

A allam vy dos dhe'n scol avorow[1]?	
A yl ta eva Gynnys ha du[2]?	
A yl ef clowes an bagas ow quary[3]?	
A yl hy ry dhodho an ro[4] lemmyn?	
A yllyn ny senjy an fer an vledhen ma[5]?	
A yllough why kemeres an gwara[6] hedhyw?	
A yllonjy ladra[7] pubtra?	

---

[1] **Avorow,** *tomorrow.*
[2] **Gynnys ha du,** *Guiness and Blackcurrant.*
[3] **Ow quary,** *playing (*ow *= ing,* gwary *= to play).*
[4] **Ry,** *to give.* **Ro,** *gift/present.*
[5] **Senjy an fer an vledhen ma**. *to hold the fair this year.*
[6] **Gwara,** *wares or goods.*
[7] **Ladra,** *to steal.*

Dyscas Etek pesyes
Lesson Eighteen continued
Gallus, Ea/Na - To be able to, Yes/No

The following shows the way to say 'Yes' and 'No' for 'to be able to':

Question	Yes.	Can ...	No.	Cannot ...
A allam vy ...?	Gallam.	Me a yl	Nag allam.	Me na yl
A ylta ...?	Gylta.	Te a yl	Nag ylta.	Te na yl
A yl ef ...?	Gyl.	Ef a yl	Nag yl.	Ef na yl
A yl hy ...?	Gyl.	Hy a yl	Nag yl.	Hy na yl
A yllyn ny ...?	Gyllyn.	Ny a yl	Nag yllyn.	Ny na yl
A yllough why ...?	Gyllough.	Why a yl	Nag yllough.	Why na yl
A yllonjy ...?	Gyllons.	Ynjy a yl	Nag yllons.	Ynjy na yl

Gorthebeugh an re ma:

Govyn	Ea	... a yl ...	Na	... na yl ...
A allam vy ostya omma haneth[1]?	Gylta	Te a yl ostya omma haneth	Na gylta	Te na yl ostya omma haneth
A ylta y weles?				
A yl ef agan cafus[2]?				
A yl hy cuska lemmyn[3]?				
A yllyn ny debry hemma?				
A yllough why pellgows orthyf[4]?				
A yllonjy cows Kernuak?				
A allam vy clappya dhedhy[5]?				
A ylta redya heb[6] spectacles?				
A yl hy squardya[7] an re ma?				
A yllyn ny cafus seneth[8] lemmyn?				

---

[1] **Ostya omma haneth,** to stay here tonight.
[2] **Cafus,** means not only to have, but to find or get.
[3] **Cuska,** to sleep.
[4] **Pellgows,** to telephone. **Orthyf,** at me or by me. **Pellgows ortho,** to phone him.
[5] **Dhedhy,** to her.
[6] **Heb,** without.
[7] **Squardya,** to break.
[8] **Seneth,** parliament or assembly.

Gorthebow Etek
Answers Eighteen
Gallus - To be able to do things

A allam vy dos dhe'n scol avorow?	Me a yl dos dhe'n scol avorow
A yl ta eva Gynnys ha du?	Te a yl eva Gynnys ha du
A yl ef clowes an bagas ow quary?	Ef a yl clowes an bagas ow quary[1]
A yl hy ry dhodho an ro lemmyn?	Hy a yl ry dhodho an ro lemmyn
A yllyn ny senjy an fer an vledhen ma?	Ny a yl senjy an fer an vledhen ma
A yllough why kemeres an gwara hedhyw?	Why a yl kemeres an gwara hedhyw
A yllonjy ladra pubtra?	Ynjy a yl ladra pubtra

Govyn	Ea	... a yl ...	Na	... na yl ...
A allam vy ostya omma haneth?	Gylta	Te a yl ostya omma haneth.	Na gylta	Te na yl ostya omma haneth.
A ylta y weles?	Gallam	Me a yl y weles.	Na gallam	Me na yl y weles.
A yl ef agan cafus?	Gyl	Ef a yl agan cafus.	Nag yl	Ef na yl agan cafus.
A yl hy cuska lemmyn?	Gyl	Hy a yl cuska lemmyn.	Nag yl	Hy na yl cuska lemmyn.
A yllyn ny debry hemma?	Gyllyn	Ny a yl debry hemma.	Nag yllyn	Ny na yl debry hemma.
A yllough why pellgows orthyf?	Gallam	Me a yl pellgows orthyf.	Na gallam	Me na yl pellgows orthyf.
A yllonjy cows Kernuak?	Gyllons	Ynjy a yl cows Kernuak.	Nag yllons	Ynjy na yl cows Kernuak.
A allam vy clappya dhedhy?	Gylta	Te a yl clappya dhedhy.	Na gylta	Te na yl clappya dhedhy.
A ylta redya heb spectacles?	Gallam	Me a yl redya heb spectacles.	Na gallam	Me na yl redya heb spectacles.
A yl hy squardya an re ma?	Gyl	Hy a yl squardya an re ma.	Nag yl	Hy na yl squardya an re ma.
A yllyn ny cafus seneth lemmyn?	Gyllyn	Ny a yl cafus seneth lemmyn.	Nag yllyn	Ny na yl cafus seneth lemmyn.

[1] *Note that playing is* **ow quary**, *not ow gwary. This is because the '-ing' part (ow) forces the following word to be 'hardened' if it is a soft sound.*

Dyscas Nawnjak
Lesson Nineteen
Things happening to another person

Cornish also uses my, your, our etc., in order to talk about things that we do in relation to each other. For example: 'I love you', or 'you see me'.

Ensomplow:

Me a wra dha gara jy	*I love YOU*
Te a wra ow cara vy	*You love ME*
Ef a wra hy hara hy	*He loves HER*
Hy a wra y gara ef	*She loves HIM*
Ny a wra agas cara why	*We love YOU*
Why a wra agan cara ny	*You love US*
Ynjy a wra aga hara ynjy	*They love THEM*

Just like in the earlier lesson about 'possessions', there are two ways of shortening the above, thus Te a wra ow cara *and* Te a wra cara vy *mean exactly the same thing.*

Usadow

Screfeugh yn Sawsnak:

Me a wra gweles jy	
Te a wra hy hara	
Ef a wra dryvya hy dhe'n scol pub dedh	
Hy a wrug y gafus de	
Ny a wrug aga fayntya	
Why a wrug agan dysquethes[1]	
Ynjy a vyn ma fetha[2] orth snuker	
Me a yl strotha[3] ynjy gans ma dewluf	

Screfeugh yn Kernuak:

We saw them on Friday	
They see him every night	
I loved you	
He dislikes you (pl)	
You (pl) lost[4] me at two o'clock	
You (sing) can show him now	
She finds us here[5]	
They can destroy you[6]	
She will display it tomorrow[7]	

---

[1] **Dysquethes**, *to show.*
[2] **Fetha**, *to beat.*
[3] **Strotha**, *to tighten.*
[4] **Kelly**, *to lose (a thing).*
[5] **Omma**, *here (pronounced ubma).* **Ena**, *there.*
[6] **Destrewy**, *to destroy.*
[7] **Desplegya**, *to display.*

Gorthebow Nawnjak
Answers Nineteen
Things happening to another person

Screfeugh yn Sawsnak:

Me a wra gweles jy	*I see you*
Te a wra hy hara	*You love her*
Ef a wra dryvya hy dhe'n scol pub dedh	*He drives her to school every day*
Hy a wrug y gafus de[1]	*She found it yesterday*
Ny a wrug aga fayntya	*We painted them*
Why a wrug agan dysquedhes	*You showed us*
Ynjy a vyn ma fetha orth[2] snuker	*They will beat me at snooker*
Me a yl strotha ynjy gans ma dewluf	*I can tighten them with my hands*

Screfeugh yn Kernuak:

We saw them on Friday	Ny a wrug aga gweles ynjy De Gwener
They see him every night	Ynjy a wra y weles ef pub nos
I loved you	Me a wrug dha gara jy
He dislikes you (pl)	Ef a wra agas hatya why
You (pl) lost me at two o'clock	Why a wrug ma gelly dhe dew uer
You (sing) can show him now	Te a yl y dhysquedhes ef lemmyn
She finds us here	He a wra agan cafus ny omma
They can destroy you	Ynjy a yl dha dhestrewy jy / agas destrewy why
She will display it tomorrow	Hy a vyn y dhysplegya (hy/ef) avorrow

Moy Usadow Leveryans
More Pronunciation Practice

Kernuak	Leveryans	Sawsnak
Luhesen	Loo-HEZ-n	*Flash of lightning*
Gwenenen	Gwe-NEN-n	*Bee*
Asclejen	As-KLEJ-n	*Chip*
Hogh	Ho-h	*Pig*
Cough	Caw-h	*Scarlet*
Lugh	Lu-h	*Calf*
Bugh	Bu-h	*Cow*
Margh	Mar-h	*Horse*
Torgh	Tor-h	*Boar*

---

[1] **De**, means 'yesterday'.
[2] **Orth**, at.

Dyscas Ugans
Lesson Twenty
Rohow ha ryans - Gifts and giving

Pyth ues genes?	*What do you have? (int / sing)*
Pyth ues genough?	*What do you have? (pol / plural)*
Ma ... genam	*I have a ...*
Pyth ues genam?	*What do I have?*
Ma ... genes	*You have a ... (int / sing)*
Ma ... genough	*You have a ... (pol / plural)*
Pyth yw an ro ues genes lemmyn?	*What is the present you have now?*
Ro dhym	*Give (it) to me*
Roy e dhym	*Give (it) to me (stronger)*
Kemer dha ro	*Take your present*
Kemer ow ro	*Take my present*

Gerva

Carten	*Card*
Ro	*Present*
Paper maylyas	*Wrapping paper*
Gwedhen Nadelek	*Christmas tree*
Golowys pysky	*Fairy lights*
Pudyn Nadelek ha dehen	*Christmas pudding and cream*
Dafar Tren	*Train set*
Tedy-ors	*Teddy bear*

Jowanna	*Dolly*
Dewros	*Bicycle*
Delynyans a'n mor	*Picture of the sea*
Gudhugan	*Scarf*
Manegow	*Gloves*
Radyo ha ty-vy	*Radio and television*
Gwydeo	*Video*
Degygowser	*Mobile phone*

Gorhemmynow (Tidings)

Nadelek Lowen	*Merry Christmas*
Bledhen Noweth Da	*Happy New Year*
Gorhemmynow a'n gwella	*Best tidings*
Pub bolonjedh oll	*All good wishes*
Sowena!	*Prosperity! (a toast)*
Me a wayt del fydh Nadelek Lowen dheugh why!	*I hope you have a Merry Christmas!*

Deryvas Cot a'n Deweth Onen dhe Ugans Dyscajow
Summary of the Last Twenty Lessons

By the end of this book, you will have mastered the following:

1. Dyscas Onen

Pyth yw? Pyth yw hemma, Pyth yw henna, Pyth yw an re ma, Pyth yw an re na? Cath, An gath, An cathas.
Singulars, Plurals, reversing the question to provide the answer.

2. Dyscas Dew

Ple'ma? Ple'ma'n dewotty? War, Yn, Yndan, Reb, Ogas dhe, Pell dheworth, Adal dhe.
Ma'n gath war'n gadar.
Remember that position in the present tense **always** *starts with Ma (there is, it is 'to')*
A gledh, A dhehow, A rag dhe, A dhelergh, A woles dhe, Awartha.

3. Dyscas Try

Py par yw, Py lyw yw? Lywyow *(colours)*. Braster *(size)*. Py lyw yw an wylan? Py par yw an sarf?
Reversing the order of words compared to English – descriptive words last. Use of 'ha' *– and.* Gwyn ha
Du yw An Baner Kernow. Hanow a'n Vam – *the name of the mother.*

4. Dyscas Peswar

De da. Fatla genough why? Yn ta oma. Claf oma. Dew genough why.

5. Dyscas Pymp

De, Nos, Myttn, Gorthewer. Pandra vennough why cafus? Debry. Eva. Me a venja cafus te. Murrasta
why. Mar pleg.

6. Dyscas Whegh

Ea ha Na. Yw cok bras? Yw. Cok bras yw. Nag yw. Nynj yw cok bras.
Ues cath yndan bord? Ues. Ma cath yndan bord. Nag ues. Nynj yw cath yndan bord.

7. Safla Grammar

Lowen of vy. Tryst on ny. A nynj yw hemma ky? Fatel yw Bryallen?

8. Dyscas Seyth

Fatel yw an gewer hedhyw? Otomma'n dhargan. Teg yw yn Kernow. Lemmyn tramor. Glyb yn Wordhen.
Ma glaw yn Lansen.

9. Dyscas Eth

Py gemmys sucra ues? Py lyes chy ues y'n dre? Onen, Dew, Try. Unnek, Dewdhek, Tredhek. Onen
war'n Ugans, Dew Ugans. Cans, Myl, Mylvyl. Man. Teyr hath *(not* try cath*).*

10. Dyscas Naw

An amser. Py uer yw? Un uer yw. Deg woja try yw. Teyr uer.
Use of feminine numbers in time. Times of the day. Previous days, future days.
Berlewen, Gorlewen, Avorrow, Ternos, De, Degensete, Trenja.
As/while – use of 'ha'. Lowen oma ha me ow redya.

11. Moy yn kever 'Bos'

Os ta tryst? Of. Tryst of vy/oma. Nag of. Nynj of vy/oma tryst.

12. Dyscas Deg

Me a wra payntya. Pandra wra an crocadyl gul? An grocadyl a wra snappya hy dyns.
Moy verbow. Screfa, redya, gwary, cana, godhvos, desmygy, crejy.

13. Dyscas Unnek

An teylu. Mam ha tas. Mab ha myrgh. Damawyn ha Syrawyn. Ewnter, modreb, noy ha nyth.
Pyw yw ef? Py gar yw Davyth dhe Vorwenna?
Kensa, secund, treja, peswara, pympes, whegves. Kensa war ugans.

14. Dyscas Dewdhek

Gul. Pandra wreugh why gul gans lyver? Ple wreugh why dewrosa? Pan wreugh why debry? Me a wra
debry dhe hanter woja hanterdedh.

15. Dyscas Tredhek

Perhenogath. Ow chy vy/ma chy vy. Dha jy je/jy, y jy ef, hy chy hy, agan chy ny, agas chy why, aga chy
ynjy.

16. Dyscas Peswardhek

Gul. A wraf vy, a wreta, a wra ef/hy, a wren ny, a wreugh why, a wronjy? Me a wra, te a wra, ef a wra, hy
a wra, ny a wra, why a wra, ynjy a wra. Ky vy – *my dog*. Dhodho – *to him*.

17. Dyscas Pymthek

Gul. A wreugh why? Gwraf. Me a wra. Na wraf. Me na wra. Gwraf, gwreta, gwra, gwren, gwreugh,
gwrons. Na wraf, na wreta, na wra, na wren, na wreugh, na wrons.

18. Dyscas Whetek

Gul. Me a wrug, why a wrug. A wrugaf vy, a wrussough why? Gwrugaf, na wrugaf, gwrussough, na
wrussough. Me na wrug, why na wrug. Cows, clowes, clappya, kemeres.

19. Dyscas Seytek

Mennas. Me a vyn. A vennaf vy, a vennough why? Mennaf, na vennaf, mennough, na vennough.
Me na vyn, why na vyn. Gweles, lafurya, cafus, codra.

20. Dyscas Etek

Gallus. Me a yl, why a yl. A allaf vy, a yllough why? Gallaf, nag allaf, gyllough, nag yllough. Me na yl,
why na yl. Ry, ladra, squardya, ostya.

21. Dyscas Nawnjak

Me a wra dha gara. Me a wra cara jy. Ny a wrug aga gweles de. Ynjy a yl destrewy je.

22. Dyscas Ugans

Pyth yw an ro ues genes lemmyn? Pyth ues genam? Ro dhym! Kemer ow ro. Kemer dha ro.
Pudyn Nadelek ha dehen. Degygowser. Dafar Tren. Golowys Pysky. Gorhemmynow a'n gwella.
Sowena!

English – Cornish Lexicon

able, to be able (vb.)	gallus	cliff	leder
about (a subject)	yn kever	climb (vb.)	crambla
about it (him or her)	yn y gever	clock	clock
above	awartha	cloud	comolen (f)
after	awos, woja	cloud, clouds	comol
afternoon	dohajedh	cloudy	comolak
air	ayr	cold	jeyn
alas !	soweth !	come (vb.)	dos
all	oll	come in ! (pl)	deugh ajy !
along	a hes	come in ! (sing)	dues ajy !
already	solabrys	consider (vb.)	consydra
always	pupprys	Cornish (e.g. language)	Kernuak
and	ha(g)	Cornish Weather Centre	Cresen Gewer Gernow (f)
answer!	gorthebeugh!	Cornwall	Kernow (f)
answer, answers	gorthyb, gorthebow	cousin	kenderow
arrive (vb.)	dos	cow, cows	bugh (f), buhes
as (while)	ha(g)	cream	dehen
ass	asen	crisp, crisps	cresyk, cresygow
at me or by me	orthyf	crocodile	crocadyl (f)
at or by him	ortho	cycle (vb.)	dewrosa
aunt, auntie	modreb	daughter	myrgh
awake (vb.)	dyfuna	daughter-in-law	guhyth
awful	hager, uthek	dawn	berlewen (f)
bacon	backen	day before yesterday	degensete
bad	drog	day	de
be (vb.)	bos	design (vb.)	delynya
beat (vb.)	fetha	destroy (vb.)	destrewy
believe (vb.)	crejy	dislike (vb.)	casa, hatya
bell, bells	clogh, clegh	display (vb.)	desplegya
below	warnans	do (vb.)	gul
beside	reb	dog, dogs	ky, cuen
best tidings	gorhemmynow a'n gwella	doing	ow cul
bicycle, bike	dewros	dolly	jowanna
big	bras	dolphin	morah (morhogh)
bit, a	tam	donkey	asen
bite (vb.)	brathà	door, doors	darras, darjow
black	du	draw (vb.)	delynya
blue	glas	dream (vb.)	hunrosa
Bodmin	Bodmen	dress (vb.)	gwysca
book shop	gwerthjy lyfrow	drink (vb.)	eva
book, books	lyver, lyfrow	drinking establishment (pub)	
boy, boys	maw, mebyon		dewotty
break (vb.)	squardya	drive (vb.)	gorra
Brittany	Breten Vean (f)	drive (vb.), to drive cattle	dryvya
brother	broder	dry (vb.)	seghe
brother-in-law	broder da	dry	segh
brown	gell	dual carriageway	carhens dewblek
brush (vb.)	scuba	duration	termyn
but	mes	dusk	gorlewen (f)
cake	tesen (f)	early	yn avar
calculate (vb.)	rekna	eat (vb.)	debry
calm	cosel	egg, eggs	oy, oyow
Camborne	Cambron	eight	eth
car, cars	car, kerry	eighteen	etek
card	carten (f)	eighteenth	etegves
cat, cats	cath (f), cathas	eighth	ethves
centre	cres	eleven	unnek
centre, a	cresen (f)	eleventh	unnegves
chair, chairs	cadar (f), caderyow	empty	gwag
chat (vb.)	clappya	England	Pow saws
child, children	flogh, flehes	English (e.g. language)	Sawsnak
chip, chips	asclejen, asclas	equipment	dafar
Christmas tree	gwedhen Nadelek	evening	gorthewer
Christmas	Nadelek	every	pub
clean (vb.)	glanhe	everything	pubtra

English	Cornish	English	Cornish
examples	ensomplow	hammer (vb.)	mordholya
excellent	brentyn	hammer	mordhol
fair (market)	fer	happy	lowen
fairy lights	golowys pysky	harp	telyn (f)
false, a lie	gow	hate (vb.)	hatya, casa (replaced by hatya)
family	teylu		
far from	pell dheworth	have (vb.)	cafus
fat	tew	health (in), healthy	yagh
father	tas	health	yehes
feather	pluven (f)	her (possessive)	hy (3, before or after noun)
female, feminine	benow (f)	here	omma
fifteen	pymthek	herring gull	gwylan (f)
fifteenth	pymthegves	higher (in place names)	awartha
fifth	pympes	his	y (2), ef (after noun)
fiftieth	hantercansves	hold (vb.)	senjy
fifty	hantercans	home, homewards	tu ha tre
fight (vb.)	omlath	horse	margh
fine	teg	hospital or sick house	clojy
finish (vb.)	gorfenna	hot	tom
first	kensa	hour	owr
fish (vb.)	pyskessa	hours of the clock	uer
fishing rod	gwelen byskessa	house, houses	chy, chyow (alt. pl. trevyn)
five	pymp	how ...?	fatel ...?
flash of lightning	luhesen (f)	how many?	py lyes
following afternoon	ternos dohajedh	how much?	py gemmys
following day	ternos	hundred	cans
following morning	ternos vyttyn	hundredth	cansves
for ever	bynary, bynytha, bys vyken	husband	gour
forecast	dargan (f)	I think	me a wra predery
fortieth	dewgansves	ice	rew
forty	dew ugans	icy	rewak
forty-one	onen ha dew ugans	imagine (vb.)	desmygy
four	peswar, peder (f)	immediately	dystough, war nuk
fourteen	peswardhek	in a moment	yn pols
fourteenth	peswardhegves	in, inside	yn
fourth	peswara	Ireland (Eire)	Wordhen (f)
frog	quylkyn	Isle of Man	Manow (f)
from	dheworth	just now	namnygen
front of (in front)	a rag dhe	know (vb.) [a fact]	godhvos
frosty	rewak	know a person (vb.)	aswon
full, replete	luen	land	bro (f)
garden (vb.)	lowartha	last night	nyhewer, nos dewetha
garden	jardyn	late	dewedhes
garden	jardyn, lowarth	Launceston	Lansen
gift, gifts	ro, rohow	left of (to the)	a gledh dhe
girl, girls	mowes (f), mowysy	library	lyverva (f)
give (vb.)	ry	light, lights	golow, golowys
giving	ryans	lightning	luhes
gloves	manegow	like (vb.)	cara
go (vb.)	mos	listen (vb.)	goslowes orth
god-child	flogh bysyth	lizard	pedreven (f)
god-father	tas bysyth	long (or tall)	hyr
god-mother	mam bysyth	lose (vb.) [a thing]	kelly
gold or orange	owr	love (vb.)	cara
good	da	make (vb.)	gul
goodbye (God be with you)	Dew genough why!	male, masculine	gorow
goods	gwara	man, men	den, tus
grand-child	floghwyn	many	lyes
grand-daughter	myrghwyn	mat	strayl
grandfather	syrawyn	mean (vb.)	menya
grandmother	damawyn (f)	Merry Christmas	Nadelek Lowen
grandson	mabwyn	midday	hanterdedh
green	gwer (or gwyrth)	middle	cres
grey	los	midnight	hanternos
group	bagas	milk (vb.)	codra
guess (vb.)	desmygy	million	mylvyl (f)
Guinness	Gynnys	minute	mynysen (f)
half	hanter	mist, fog	newl

misty, foggy	newlak	pudding	pudyn
mobile phone	degygowser	purple	ruthlas
morning	bora (see myttyn)	quarter	quarter, quatron
morning	myttyn	question, questions	govyn, govynnadow
mother	mam	radio	radyo
motorway	motorfordh	rain	glaw
mouse	logosen (f)	raining	ow cul glaw
much	muer	rainy	glawak
my (possessive)	ma, ow, vy (after noun)	read (vb.)	redya
national	kenedhlek	ready	parys
near to	ogas dhe	recently	agensow
neighbour	kentrevak	recognise (vb.), or know a person	
nephew	noy		aswon
new	noweth	red	ruth
newspaper	paper newodhow	restaurant	bosty
next (one)	nessa (see secund)	right of (to the)	a dhyhow dhe
next to	reb	road	fordh (f)
niece	nyth (f)	rod	gwelen (f)
night	nos (f)	sad	tryst
nine	naw	say (vb.)	leverel
nineteen	nawnjak	Saying, a	lavar
nineteenth	nawnjegves	scarf	gudhugan
ninth	nawves	school	scol
no, nay (when no verb present)		Scotland	Alban (f)
	na	sea	mor
noble	brentyn	second	secund
nothing	travyth	see bean	byan, byghan
now	lemmyn, y'n uer ma	set (things)	dafar
numbers	nyverow	set (vb.)	gorra
of course, without doubt	heb mar	seven	seyth
of	a (2)	seventeen	seytek
often	menough	seventeenth	seytegves
okay	yn ta	seventh	seythves
old	coth	shine (vb.)	splanna
on	war (2)	shining	ow splanna
one	onen, un (f)	shop (vb.)	shoppya
opposite (to)	adal dhe	shop	shoppa, gwerthjy (see
our	agan, ny (after noun)		shoppa)
overseas	tramor	short	cot
paint (vb.) [pictures]	lewya (see payntya)	show (vb.)	dysquedhes
paint (vb.)	payntya	sick	claf
paper	paper	sing (vb.)	cana
patch of fog	newlen	sister	whor
pen	pluven (f)	sister-in-law	whor dre laha
Penzance	Penzans	sit (vb.) [down]	esedha
period	termyn	sitting room	esethva
person	person	six	whegh
pharmacy	potecary	sixteen	whetek
picture	delynyans	sixteenth	whetegves
pillow	pluvak	sixth	wheghves, wheffes
pink	ruthwyn	sixtieth	tryugansves
pitch	gwaryva	sleep (vb.)	cuska
play (vb.) [games, theatre etc]		small	bean, byan, byghan
	gwary	snake	sarf (f)
playing field	gwaryva	snap (vb.)	snappya
playing	ow quary	snow	ergh
please	mar pleg	snowy	erhak
pole	gwelen (f)	soccer	pelldros
possessions	perhenogath	son, sons	mab, mebyon
post office	sothva bost (f)	son-in-law	duf
practice	usadow	soon	yn scon
preaching	ow pregoth	speed (vb.)	spedya
present (at)	y'n uer ma	sportsground	gwaryva
present (gift)	ro	St Ives	Por ya
pretend (vb.)	omwul	stand (vb.)	sevel
promise (vb.)	promysya	start (vb.)	dalleth
promise	promys	station	gorsaf (f)
prosperity ! (a toast)	sowena !	stay (vb.)	ostya

steal (vb.)	ladra	twelfth	dewdhegves
stormy	awelak	twelve	dewdhek
strong	cref	twentieth	ugansves
student	studhyer	twenty	ugans
study (room)	gweythva	twenty-first	kensa war'n ugans
study (vb.)	studhya	twenty-one	onen war'n ugans
sugar	sucra	two	dew
sun	howl	uncle	ewnter
Sunday	de sul	under	yndan
sunny	howlak	untruth	gowegnath
suppose (vb.)	supposya, tyby	very	fest
swim (vb.), to fly	neyja	video	gwydeo
table, tables	bord, bordys	vocabulary	gerva (f)
take (vb.)	kemeres	Wales	Kembra (f)
take or hold a position (vb.)	senjy	walk (vb.)	kerdhes
talk (vb.)	clappya	wall	fos
teacher	descajor	want (vb.)	mennas
team	bagas	wares	gwara
teddy bear	tedy-ors	warm	godom
telephone (vb.)	pellgows orth	wash (vb.)	golhy
television	ty-vy	wash oneself (vb.)	omwolhy
tell (vb.)	leverel	watch (timepiece)	uryor
ten	deg	watch (vb.)	myras orth
tenth	degves	water	dowr
thank you (pers/sing)	gras dhys	weak	gwan
thank you (pol/pl)	murrasta why	wear (vb.)	gwysca
the (definite article)	an	weather	kewer (f)
the future	termyn a dhe	wet	glyb
their	aga, ynjy (after noun)	what ...?	pandra ...?
then	y'n uer na	what do you want ...? (pers/sing)	
there	ena		pandr'a venta ..?
these	an re ma	what do you want ...?(pol/pl)	
thin	mon		pandr'a vennough why...?
thing, things	tra (f), taclow	what does ...?	pandra wra...?
think (vb.)	predery	what time is it?	py uer yw?
third	treja (sometimes tressa)	what	pandra, pyth
thirteen	tredhek	when does?	pan wra ...?
thirteenth	tredhegves	when	pan
thirtieth	degves warn ugans	where does...?	ple whra ...?
this afternoon	androweyth	where..?	ple.. ?
this evening	haneth	while	ha(g)
this morning	hedhyw vyttyn	whilst, while, as long as	hedra
those	an re na	white	gwyn
thousand	myl (f)	who is ...?	pyw yw ...?
three	try, teyr (f)	who	pyw
through	dre, der (2)	wife	gwreg
thunder	taran (f)	win (vb.)	gwaynya
tidings	gorhemmynow	wind	gwyns
tighten (vb.)	strotha	window, windows	fenester (f), fenestry
time	amser (measurement),	windy	gwynjak
	prys (event), termyn	wishes	gorhemmynow
	(duration)	with you (plural, polite)	genough why
to her	dhedhy	without	heb
to him	dhodho	woman, women	benen (f), benenes
to preach	pregoth	wonderful	marthys
to, unto	dhe (2)	woodpecker	casak cos (f)
today	hedhyw	work (vb.)	lafurya
tomorrow	avorow	wrapping paper	paper maylyas
tonight	haneth	write (vb.)	screfa
top of (at the)	awartha	yeah, yes (without verb)	ea
train set	dafar tren	year	bledhen (f)
train	tren	yellow	melen
travel (vb.)	vyaja	yesterday	de
travelling	ow vyaja	young	yonk
tree, trees	gwedhen (f), gwedh	your (pl)	agas, why (following noun)
true	gwyr	your (sing)	dha (2), jy (after noun)
truth	gwyryonath	zero	man
try (vb.)	assaya		

Gerva Kernuak - Sawsnak

Kernuak	Sawsnak
a (2)	of
a dhyhow dhe	to the right of
a gledh dhe	to the left of
a hes	along
a rag dhe	in front of
adal dhe	opposite (to)
aga	their
agan	our
agas	your (pl)
agensow	recently
Alban (f)	Scotland
amser	time
an re ma	these
an re na	those
an	the (definite article)
androweyth	this afternoon
asclejen, asclas	chip, chips
asen	donkey, ass
assaya	to try
aswon	to recognise, or know a person
avorow	tomorrow
awartha	at the top of, above, higher (in place names)
awelak	stormy
awos	after
ayr	air
backen	bacon
bagas	team, group
bean, byan, byghan	small
benen (f), benenes	woman, women
benow (f)	female / feminine
berlewen (f)	dawn
bledhen (f)	year
bledhen noweth da	happy new year
Bodmen	Bodmin
bora (see myttyn)	morning
bord, bordys	table, tables
bos	to be
bosty	restaurant
bras	big
bratha	to bite
brentyn	noble, excellent
Breten Vean (f)	Brittany
bro (f)	land
broder da	brother-in-law
broder	brother
bugh (f), buhes	cow, cows
byan, byghan	see bean
bynary	for ever
bynytha	for ever
bys vyken	for ever
cadar (f), caderyow	chair, chairs
cafus	to have
Cambron	Camborne
cana	to sing
cans	hundred
cansves	hundredth
car, kerry	car, cars
cara	to love, to like
carhens dewblek	dual carriageway
carten (f)	card
casa (replaced by hatya)	to hate, to dislike
casak cos (f)	woodpecker
cath (f), cathas	cat, cats
chy, chyow (alt. pl. trevyn)	house, houses
claf	sick
clappya	to talk, to chat
clock	clock
clogh, clegh	bell, bells
clojy	hospital or sick house
codra	to milk
comol	cloud, clouds
comolak	cloudy
comolen (f)	a cloud
consydra	to consider
cosel	calm
cot	short
coth	old
crambla	to climb
cref	strong
crejy	to believe
cres	middle, centre
cresen (f)	centre
Cresen Gewer Gernow (f)	Cornish Weather Centre
cresyk, cresygow	crisp, crisps
crocadyl (f)	crocodile
cuska	to sleep
da	good
dafar tren	train set
dafar	set, equipment
dalleth	to start
damawyn (f)	grandmother
dargan (f)	forecast
darras, darjow	door, doors
de sul	Sunday
de	day
de	yesterday
debry	to eat
deg	ten
degensete	day before yesterday
degves warn ugans	thirtieth
degves	tenth
degygowser	mobile phone
dehen	cream
delynya	to draw, to design
delynyans	picture
den, tus	man, men
der	see dre
descajor	teacher
desmygy	to imagine, to guess
desplegya	to display
destrewy	to destroy
deugh ajy !	come in ! (pl)
Dew genough why!	goodbye (God [be] with you)
dew ugans	forty
dew	two
dewdhegves	twelfth
dewdhek	twelve
dewedhes	late
dewotty	drinking establishment (pub)
dewros	bike, bicycle
dewrosa	to cycle
dewgansves	fortieth
dha (2)	your (sing)
dhe (2)	to, unto
dhedhy	to her
dheworth	from
dhodho	to him
dohajedh	afternoon

dos	to come, to arrive	gul	to make or do
dowr	water	gwag	empty
dre, der (2)	through	gwan	weak
drog	bad	gwara	wares or goods
dryvya	to drive, to drive cattle	gwary	to play (games, theatre etc)
du	black	gwaryva	pitch, sportsground, playing
dues ajy !	come in ! (sing)		field
duf	son-in-law	gwaynya	to win
dyfuna	to awake	gwedhen (f), gwedh	tree, trees
dysquedhes	to show	gwedhen Nadelek	Christmas tree
dystough	immediately	gwelen (f)	rod, pole
ea	yeah, yes (when no verb	gwelen byskessa	fishing rod
	present)	gwer (or gwyrth)	green
ef (after noun)	his	gwerthjy (see shoppa)	shop
ena	there	gwerthjy lyfrow	book shop
ensomplow	examples	gweythva	study (room)
ergh	snow	gwreg	wife
erhak	snowy	gwydeo	video
esedha	to sit [down]	gwylan (f)	herring gull
esethva	sitting room	gwyn	white
etegves	eighteenth	gwynjak	windy
etek	eighteen	gwyns	wind
eth	eight	gwyr	true
ethves	eighth	gwyryonath	truth
eva	to drink	gwysca	to dress, to wear
ewnter	uncle	Gynnys	Guinness
fatel ...?	how ...?	ha(g)	and
fenester (f), fenestry	window, windows	ha(g)	as, while
fer	fair (market)	hager	awful
fest	very	haneth	this evening, tonight
fetha	to beat	hanter	half
flogh bysyth	god-child	hantercans	fifty
flogh, flehes	child, children	hantercansves	fiftieth
floghwyn	grand-child	hanterdedh	midday
fordh (f)	road	hanternos	midnight
fos	wall	hatya, (or casa)	to hate, to dislike
gallus	to be able (to be able to do)	heb mar	of course, without doubt
gell	brown	heb	without
genough why	with you (pol/pl)	hedhyw vyttyn	this morning
gerva (f)	vocabulary	hedhyw	today
glanhe	to clean	hedra	whilst, while, as long as
glas	blue	howl	sun
glaw	rain	howl	sun
glawak	rainy	howlak	sunny
glyb	wet	hunrosa	to dream
godhvos	to know (a fact)	hy (3, before or after noun)	her (possessive)
godom	warm	hyr	long (or tall)
golhy	to wash	jardyn	garden
golow, golowys	light, lights	jardyn	garden
golowys pysky	fairy lights	jeyn	cold
gorfenna	to finish	jowanna	dolly
gorhemmynow a'n gwella	best tidings	jy (after noun)	your (sing)
gorhemmynow	tidings, wishes	kelly	to lose (a thing)
gorlewen (f)	dusk	Kembra (f)	Wales
gorow	male, masculine	kemeres	to take
gorra	to drive, to set	kenderow	cousin
gorsaf (f)	station	kenedhlek	national
gorthebeugh!	answer!	kensa war'n ugans	twenty-first
gorthewer	evening	kensa	first
gorthyb, gorthebow	answer, answers	kentrevak	neighbour
goslowes orth an radyo	to listen to the radio	kerdhes	to walk
gour	husband	Kernow (f)	Cornwall
govyn, govynnadow	question, questions	Kernuak	Cornish (e.g. language)
gow	false, a lie	kewer (f)	weather
gowegnath	untruth	ky, cuen	dog, dogs
gras dhys	thank you (pers/sing)	ladra	to steal
gudhugan	scarf	lafurya	to work
guhyth	daughter-in-law	Lansen	Launceston

lavar	a saying	nos (f)	night
leder	cliff	noweth	new
lemmyn	now	noy	nephew
leverel	to tell, to say	ny (after noun)	our
lewya (see payntya)	to paint pictures	nyhewer, nos dewetha	last night
logosen (f)	mouse	nyth (f)	niece
los	grey	nyverow	numbers
lowarth	garden	of vy	... am I
lowartha	to garden	ogas dhe	near to
lowen	happy	oll	all
luen	full, replete	oma	... am I
luhes	lightning	omlath	to fight
luhesen (f)	a flash of lightning	omma	here
lyes	many	omwolhy	to wash oneself
lyver, lyfrow	book, books	omwul	to pretend
lyverva (f)	library	onen ha dew ugans	forty-one
ma	my (possessive)	onen war'n ugans	twenty-one
mab, mebyon	son, sons	onen, un (f)	one
mabwyn	grandson	ortho	at or by him
mam bysyth	god-mother	orthyf	at me or by me
mam	mother	os ta	... are you (pers/sing)
man	zero	ostya	to stay
manegow	gloves	ough why	... are you (pol/pl)
Manow (f)	Isle of Man	ow cul glaw	raining
mar pleg	please	ow cul	doing
margh	horse	ow pregoth	preaching
marthys	wonderful	ow quary	playing
maw, mebyon	boy, boys	ow splanna	shining
me a venja ...	I would like	ow vyaja	travelling
me a wra predery	I think	ow	my
melen	yellow	owr	gold or orange
mennas	to want, or to do in the future	owr	hour
		oy, oyow	egg, eggs
menough	often	pan wra ...?	when does?
menya	to mean	pan	when
mes	but	pandra ...?	what ...?
modreb	aunt, auntie	pandr'a vennough why...?	what do you want ...?(pol/pl)
mon	thin	pandr'a venta ..?	what do you want ...? (pers/sing)
mor	sea		
morah (morhogh)	dolphin	pandra wra...?	what does ...?
mordhol	hammer	pandra	what
mordholya	to hammer	paper maylyas	wrapping paper
mos	to go	paper newodhow	newspaper
motorfordh	motorway	paper	paper
mowes (f), mowysy	girl, girls	parys	ready
muer	much	payntya	to paint
murrasta why	thank you (pol/pl)	pedreven (f)	lizard
myl (f)	thousand	pell dheworth	far from
mylvyl (f)	million	pelldros	soccer
mynysen (f)	minute	pellgows orth	to telephone
myras orth	to watch	Penzans	Penzance
myrgh	daughter	perhenogath	possessions
myrghwyn	grand-daughter	person	person
myttyn	morning	peswar, peder (f)	four
na	nay, no (when no verb present)	peswara	fourth
		peswardhegves	fourteenth
nadelek lowen	merry Christmas	peswardhek	fourteen
nadelek	Christmas	ple whra ...?	where does...?
namnygen	just now	ple.. ?	where..?
naw	nine	pluvak	pillow
nawnjak	nineteen	pluven (f)	pen, feather
nawnjegves	nineteenth	Por ya	St Ives
nawves	ninth	potecary	pharmacy
nessa (see secund)	next	Pow saws	England
newl	mist, fog	predery	to think
newlak	misty, foggy	pregoth	to preach
newlen	a patch of fog	promys	promise
neyja	to swim, to fly	promysya	to promise

prys	time	taran (f)	thunder
pub bolonjedh oll	all good wishes	tas bysyth	god-father
pub	every	tas	father
pubtra	everything	tedy-ors	teddy bear
pudyn nadelek ha dehen	Christmas pudding and cream	teg	fine
		telyn (f)	harp
pudyn	pudding	termyn a dhe	the future
pupprys	always	termyn	period, duration, time
py gemmys	how much?	ternos dohajedh	following afternoon
py lyes	how many?	ternos vyttyn	following morning
py uer yw?	what time is it?	ternos	following day
pymp	five	tesen (f)	cake
pympes	fifth	tew	fat
pymthegves	fifteenth	teylu	family
pymthek	fifteen	tom	hot
pyskessa	to fish	tra (f), taclow	thing, things
pyskessa	to fish	tramor	overseas
pyw yw ...?	who is ...?	travyth	nothing
pyw	who	tredhegves	thirteenth
quarter, quatron	quarter	tredhek	thirteen
quylkyn	frog	treja (sometimes tressa)	third
radyo	radio	tren	train
reb	beside, next to	try, teyr (f)	three
redya	to read	tryst	sad
rekna	to calculate	tryugansves	sixtieth
rew	ice	tu ha tre	home, homewards
rewak	icy, frosty	tyby (see supposya)	to suppose
ro	gift, present	ty-vy	television
rohow	gifts	uer	hours of the clock
ruth	red	ugans	twenty
ruthlas	purple	ugansves	twentieth
ruthwyn	pink	unnegves	eleventh
ry	to give	unnek	eleven
ryans	giving	uryor	watch
sarf (f)	snake	usadow	practice
Sawsnak	English (e.g. language)	uthek	awful
scol	school	vy (after noun)	my
screfa	to write	vyaja	to travel
scuba	to brush	war (2)	on
secund	second	war nuk	immediately
segh	dry	warnans	below
seghe	to dry	whegh	six
senjy	to hold, to take or hold a position	wheghves, wheffes	sixth
		whetegves	sixteenth
sevel	to stand	whetek	sixteen
seytegves	seventeenth	whor dre laha	sister-in-law
seytek	seventeen	whor	sister
seyth	seven	why (following noun)	your (pl)
seythves	seventh	woja	after
shoppa	shop	Wordhen (f)	Ireland (Eire)
shoppya	to shop	y (2)	his
snappya	to·snap	y'n uer ma	in the present, at this time, now
solabrys	already		
sothva bost (f)	post office	y'n uer na	at that time, then
sowena !	prosperity ! (a toast)	yagh	in health, healthy
soweth !	alas !	yehes	health
spedya	to speed	yn avar	early
splanna	to shine	yn kever	about (a subject)
squardya	to break	yn pols	in a moment
strayl	mat	yn scon	soon
strotha	to tighten	yn ta	okay
studhya	to study	yn y gever	about it (him or her)
studhyer	student	yn	in, inside
sucra	sugar	yndan	under
supposya (or tyby)	to suppose	ynjy (after noun)	their
syrawyn	grandfather	yonk	young
taclow	things		
tam	a bit		

Pronunciation of vowels

Written form	Sound	Alt. written forms	Lhuyd's spelling system	Examples	Examples in later texts	Notes
a	**Aw**	o, ow	aô	Gwaf	Gwov	Like the **aw** in 'knaw'. *Kernow* is thus pronounced *Kernaw* rather than *Kernoe*.
a	**Long ay + e**	aa, aXe	â	Tan	Tane	Sounded a little like the **a** in English 'tape', but slightly lengthened with the short **e** sound.
a	**Short a**		a, e	Glan		This has two possible values depending on location and preference. The first value is identical to the short **a** in English (e.g. can't), but can also be sounded much closer to a short **e** (e.g. Kent).
e	**Short ay + e**	ea	ê, ai, ei, êa	Mes	Meas (outside)	A common sound in Cornish. Never as in English 'Ted'. A little like the Scottish river 'Tay' although the second sound tends to close the mouth.
e	**Short e**	e	e	Debry	Debre	Like the **e** in 'Ted'.
ew	**Middle length e + oo**		êụ̈	Blew		Very much like short e + oo but the **e** sound is very slightly longer. Often regarded as the same sound (considered the same for the purposes of this book).
ew, ow	**Short e + oo**	eu, ou	oụ̈, eụ̈	Bewnans	Bownaz	Very close to English oo (e.g. too), but preceded by a very short **e** (often very difficult to hear). Originally this sound may have been somewhat like **ew** (as in *blew*). In Cornish C17-18 it became difficult to tell *Dew* 'god', *dew* (or *deu*) 'two' and *du* 'black' apart and so they were often written at that time in the same way.
o	**Long o**	oe	ô	Flogh (child), Hogh	Floh	Like English exclamation 'Oh!'
o	**Short o**	a	ò, ε	Pol	Pol	Sometimes a little like the sound of Northern English 'or', particularly in front of **r** or **l**, otherwise shorter (e.g. pot).
ow, aw	**Ow**		âụ̈	Maw	Mao	Like the English exclamation 'Ow!'
u	**Complex e (Long e + u)**	ü	î	Tus	Teeze	This is really two vowel sounds run together, long e and short u (ee-u), *tus* is a little like tee-uz.
u	**Oo**		û	Kernuak (Cornish), Cos (wood)	Kernuack, Coos	Like the **oo** in English 'too'.
u	**Short u**	o	ụ, ÿ	Omma, Tulla (to deceive)	Ubma, Tulla	Like the **u** in English 'up'.
u, y	**Long e**		y	Huny, Desky	Hunyth	Like English 'tea'.
u, y	**Short i**	i, y	i, y	Uskys (quickly), Cathyk (kitten)	Iskis	Like the **i** in 'tip'.

Pronunciation of vowels continued

Written form	Sound	Alt. written forms	Lhuyd's spelling system	Examples	Examples in later texts	Notes
ue	Long e + e	ee		Luer	Leer	Example *luer* 'floor' is a little like 'lear' but is a another double sound. (ee-e)
y	Complex I (Long i + ee)	ei, ye	ÿï	Ky	Kye	Somewhat like English 'tie', but with a final **e** sounded (tie-ee). Additionally the variant **oy** is also found, sounded differently.
ya	Long e + a	ea	îa	Byan	Byan, Bean	The -a sound is at the top of the month, half way to being a short u sound. (ee-u)
Any vowel	Schwa		ÿ, a, e	Menedhyow		Also called the indistinct vowel, which can sound a little like an exceptionally short **e** or **u**. This is generally found in words of three or more syllables, where the unstressed vowel almost vanishes.

Pronunciation of consonants

Written form	Sound
c	(1) C is sounded as a hard k before a, o and u. (2) Before an e it is sounded as the English letter s and in exceptions such as *cyder* 'cider', *certan* 'certain'.
ch	(1) As English ch (e.g. *chy* 'house'). (2) As hard k in borrowings such as *chemyst*.
dh	(1) Like the soft th in English (as in 'them'). (2) At the end of words it frequently disappears, e.g. *fordh* 'road' is pronounced for'.
th	(1) Like the English th in 'thanks'. (2)
f	(1) As English f e.g. 'fat'. (2) As a final letter it is frequently sounded as a v.
gw	(1) Pronounced together as a single sound 'gw'. (2) In front of l or r the w is half sounded a little like a short 'oo' sound.
gh	In earlier times this was pronounced like the ch in Scottish 'Loch', but is now generally pronounced as a lightly breathed h (described as 'like breathing on glass', e.g. *flo-h* for *flogh* 'child'). In some cases no sound is made at all.
j	Written in earlier sources as either g or gg. (1) Sounded like the j in jug e.g. *Jowan* 'John'. (2) Like the English dg sound in 'nudge'.
ll	(1) Like l in English. (2) Slightly breathed lh.
m	(1) Like English m. (2) For single syllable words or where a double m is in evidence or inferred, then the sound is often bm (e.g. tabm for *tam* 'a bit')
n	(1) Like English n. (2) For single syllable words or where a double n is in evidence or inferred, then the sound is often dn (e.g. pedn for *pen* 'hill', 'head')
r	(1) Like Westcountry English r, rolled but never trilled. (2) Originally it was a slightly breathed rh.
s	(1) Like English s, as in 'same'. (2) Lazy z.
sh	(1) Like English sh, as in 'shell'. (2) Separate s and h in compunds e.g. *Leshanow* (*Les-hanow*) 'nickname'.
w	(1) As a consonant, as in English 'well'. (2) As a vowel, perhaps only partly sounded as in *an wlas* 'the country'.
wh	The w and h are always sounded, as sounded in Scottish-English (aspirated h followed by w).
y	In addition to being sounded as a vowel, it is also sounded as English consonant y, e.g. 'yak', 'yum', etc.
b, g, h, k, l, p, qu, t	(1) All these are pronounced as in English: 'bit', 'hit', 'kit', 'pit', 'quilt', 'tilt'. (2) When as a final letter k or p are frequently softer than expected, tending to be g or b (see th).

Appendix Page 2

General Guide to Pronunciation

Cornish is generally easy to pronounce. It will be particularly straightforward for those who either speak with a Cornish accent or else have access to parents, grandparents, colleagues or friends who have a Cornish accent. For those who do not, listening to the associated audio materials will provide a good guide.

However, there is one aspect of Cornish that is particularly important to master – the matter of stress. In Cornish, like Welsh and most dialects of Breton, the stress within a word normally falls on the second from last syllable. For example: Pyscajor (fisherman) is pronounced pis-KADG-or, and cowethas (society or company) is co-WETH-us. Exceptions are in words borrowed from non-Celtic languages such as cyanid (cyanide) where the stress is CYAN-ide. Also, some placenames do not observe this rule, particularly where the descriptive element needs to be stressed, for example Penzance is pen-ZANS and Portreath is por-TRAETH.

There is an overall 'metre' to the language, which should be regularly practised. For example, the stress is "**me** a **vyn mos** dhe **Gam**bron **pub** De **Sul**" (MEE-a-VID-n-MOZE-the-GAM-bron PUB-day-ZEEL) and "**ther**am **vy** ow **tes**ky Ker**nu**ak yn **col**jy Pen**sans**" (a-THAIR-um-VEE-a-TES-kee-ker-NOO-ak in-COLgee-pen-ZANS). The metre of Cornish should be rhythmic, 'sing-song' and quite unlike the metre and sound of English.

Mutations – Table and Explanation

Mutations are best described as a change that occurs to the first letter (or sound) of a word when it is preceded by certain other words. It is best not to worry about this phenomenon, just to be aware that it happens. There are four main types of mutation, all of which are shown in the table below. If one refers to a dictionary, one will see superscripts against a number of words (either 2,3,4 or 5). These words will change the first letter of the following word as shown in the table.

Unmutated (State 1)	Soft Mutation (State 2) also called lenited	Aspirate Mutation (State 3) also called 'breathed'	Hard Mutation (State 3)	Mixed Mutation (State 4)
Examples:	*cath* plus *byan* becomes *cath vyan* (little cat)	*aga* plus *tas* becomes *aga thas* (their father)	*ow* plus *gul* becomes *ow cul* (doing)	*yn* plus *da* becomes *yn ta* (okay) but *y* plus *be* becomes *y fe* (he or she was)
b	v		p	f, v
c, k	g	h		
ch	j			
d	dh		t	t
f	v[1]			
g	-, w		c, k	h, wh
gw	w		qu	wh, w
m	v			f, v
p	b	f		
qu	gw	wh		
t	d	th		

The most common mutation is after *an* (the) where feminine nouns undergo a soft mutation, hence *cath* (a cat) becomes *an gath* (the cat). The same is true of masculine plural nouns referring to people e.g. *mebyon* (boys) becomes *an vebyon* (the boys).

---

[1] *Although not shown in many grammar books or dictionaries, feminine words beginning with **f** are usually mutated to **v** after **an** 'the' and are also softened in compound words.*

King Charles the First's Letter to the People of Cornwall

The following is John Keigwin's translation from English into Cornish of King Charles the First's letter to the people of Cornwall. The original letter was erected in Cornish churches in 1643 acknowledging the support of the people of Cornwall to the King during the war of the six nations (also called the English Civil War). John Keigwin made his translation several years afterwards, in the latter half of the seventeenth century. The manuscript is referred to as BM. Add. MSS 28, 554, f. 139.

Keigwin's Cornish

An woolok da disquethys an Pow Kernow ganz y brosterath an kensa Mightern Charles el boz gweethes in disquethyans es umma sywya dewelas.

CHARLES MIGHTERN

Ytho ny mar ughell kemerys gans an peth yw moigh vel mear pernys theworth ny ganz agan Pow Kernow; an karenze y the gwitha saw agan honan; han gwyr composter agan curyn; en termyn a alga ny dry mar nebaz tha gan sawder; po aga gwerhas y: yn termyn pan na eyagh gober vyth boz gwelys; mez wherriow braz peroghas, gowsas gerriow tyn erbyn gwyivry, ha kollonnow leall: aga braz hag ughell kolonwith; ha ga perthyans heb squithder yth mar vraz wheal erbyn mar cref tuz a drok; scoothyes gans mar gay trevow lean a tuz ha mar tek teklys gans clethyow, arghans, dafyr lathva ha kenyver ehan a booz daber: ha gans an merthus sawynans o both Dew ol gallouseck (saw gans coil a ran tuz a brys neb ny vyth nefra gans ny ankevys) the talvega ga kolonnow leall, ha ga perthyans mysk leas merthus omdowlow war tuz a drok thens y ha ny en ate ol pederyans mab-den hag ol an drokter alga boz kevys; kepare ny yll ny ankevy mar vraz galarow; ynclella ny yll ny buz gawas bonogath da, the kaws da anothans then bys, ha perricof yn oil termen aga oberrow da, han kemeryanz da ny anothans: Ha rag henna theren ry agan mighterneth gorseans then pow n& gans an ughella lef; ha en forth a ell moygha dyrrya; hag a ellen kavas mez: Ha theren ry ger fatel reys than ha vaternow a hemma boz screfys gans oleow horen; ha danvenys aleaz, ha pregowthyes yn mynz egliz, ha ian es enna, ha boz gwethys enna bys vican yn cof: polia (mar pell tra clap an terminnyow ma han wlas dyrria) an cof kemmys es pemys the worthan ny han Curyn ny gans an pow na: boz tennys meas than Fleghys es tha denithy:

reys yn gweal milchamath[2] ny yn Castel Sudiey yn dekvas dyth mys heddra in blethan myll whegh cans dewghans ha try.

The Literal English Translation

The good regard shown to the Land of Cornwall by His Greatness the First King Charles may be known by the declaration that is here following; to see:

CHARLES KING

We are so highly taken by what is more than great merited from us by our Land of Cornwall, of their care to keep self ourself; and the just right of our Crown; in a time that we could bring so little to our own safety; or their help; in a time when no reward could be seen, but great troubles very near threatened esteem and loyal hearts; of their great and high courage and their patience without weariness in so great a work against such strong enemies supported by such fine towns full of folk and so fairly supplied with swords, money, munitions and every sort of provision; and by the wonderful success which was the will of almighty God (but with a loss of some men of worth who will never be by us forgotten) to reward their loyal hearts and their patience amidst so many wonderful struggles against enemies to them and to us, in despite of all human thinking and all the harm that could be found; even as we cannot forget such great sufferings, so we cannot but have a good will to speak well of them to the world, and to bear remembrance in all time of their good deeds and our good acceptance of them: And therefore we do give our royal thanks to that our land with the loudest voice, and in the way that may most endure, that we can find out: And we do give word how need is for us the matters of this to be printed and published and preached in as many churches and chapels as are there, and to be kept in them for ever as a remembrance, that may (as long as is the talk of these times and the country enduring) the memory of how much there is merited from us and our crown by that land be derived to posterity:

Given at our battlefield at Sudely Castle the tenth day of the month of October in the year one thousand, six hundred, forty and three.

---

[2] *The word* **milchamath** *was borrowed by Keigwin from Hebrew to translate "battle".*

Selected List of Cornish Place Names

ALTARNUN	Alternon	*INNY (river)*	Dowr Eny
ANNET (Scilly)	Anet	*JACOBSTOW*	Yapstow
BLISLAND	Glasten	*KEA, Old*	Landegea
BODMIN	Bosmenchy/Bosvena	*KENSEY (river)*	Kensy
BODMIN MOOR	Gun Bren	*KENWYN*	Keynwyn
BOSCASTLE	Castel Boterel	*KERRIER*	Keryer
BOTALLACK	Botalek	*KILMAR TOR*	Kyl Margh
BRADDOCK	Bradok	*LADOCK*	Egloslajek
BRANNEL	Bronel	*LAMORNA*	Nansmorno
BREAGE	Eglosbreg	*LAMORNA COVE*	Porth Nansmorno
BROWN WILLY	Bron Wennyly	*LAMORRAN*	Lanvoren
BRYHER (Scilly)	Breyer	*LAND'S END*	Pen an Wlas
BUDE	Porth Bud	*LANDULPH*	Landelek
BUDOCK	Eglosbudhek	*LANEAST*	Lanayst
CADGWITH	Porth Cajwyth	*LANHYDROCK*	Lanhydrek
CALENICK	Clunyek	*LANLIVERY*	Lanlyvry
CALLINGTON	Calweton	*LANNER*	Lanergh
CALSTOCK	Calwestok	*LANREATH*	Lanreytho
CAMBORNE	Cambron	*LANSALLOS*	Lansalwys
CAMEL (river)	Dowr Alen	*LANYON QUOIT*	Coyt Lynyeyn
CAMELFORD	Camelford	*LAUNCELLS*	Lanseles
CAPE CORNWALL	Kylgoth Ust	*LAUNCESTON*	Lanstefan/Lansen
CARADON	Carn	*LAUNCESTON CASTLE*	Dyn Havod
CARBIS BAY	Porth Reptor	*LAWHITTON*	Nantwedhen
CARDINHAM	Ker Dynan	*LEEDSTOWN*	Leedston
CARDINHAM RIVER	Dowr Devyek	*LELANT*	Ewny Lananta
CARN BREA	Carn Bre	*LERRYN (river)*	Dowr Leryon
CARN GALVA	Carn Golva	*LERRYN*	Leryon
CARN KENIDJACK	Carn Ujek	*LESNEWTH*	Lysnoweth
CARNMENELLIS	Carn Manalys	*LEWANNICK*	Lanwenek
CASTLE-AN-DINAS	Dynas	*LINKINHORNE*	Lankynhorn
CHAPEL AMBLE	Amaleglos	*LISKEARD*	Lyskerwys
CHYSAUSTER	Chysylvester	*LIZARD*	Lesard
CONSTANTINE	Langostentyn	*LOE POOL*	An Logh
CONSTANTINE BAY	Egloscostentyn	*LOOE, East*	Logh
CORNWALL	Kernow	*LOOE, West*	Porth Byan
COVERACK	Porth Covrak	*LOOE ISLAND*	Enys Lantnanagh
CUBERT	Egloscubert/Lanowyn	*LOSTWITHIEL*	Lostwedhyel
CURY	Egloscury	*LUDGVAN*	Egloslusowen
DAVIDSTOW	Dewystow	*LUNEY (river)*	Leveny
DEWEY (river)	Duy	*LUXULYAN*	Lansulyen
EGLOSHAYLE	Eglosheyl	*LYNHER (river)*	Dowr Lyner
EGLOSKERRY	Egloskery	*MABE*	Lanvab
FAL (river)	Dowr Fala	*MADRON*	Eglosmadern
FALMOUTH	Falamouth	*MARAZION*	Marhasbyan/ Marhasyow
FEOCK	Lanvyek	*MENEAGE*	Manahek
FOWEY (river)	Fawy	*MERTHER*	Eglosmerther
FOWEY	Langordhow	*MEVAGISSEY (port)*	Porth Hyly
GERMOE	Germogh	*MEVAGISSEY (town)*	Lanvorek
GERRANS	Gerens	*MORWENSTOW*	Morwennastow
GERRANSBAY	Baya Gwyndreth	*MOUSEHOLE*	Porth Enys
GLASNEY	Glasneth	*MULFRA HILL*	Mol Vre
GODOLPHIN	Godholcan	*MULLION*	Eglosmelan
GOONHILLY DOWNS	Gun Helya	*MULLION COVE*	Porth Melyn
GRAMPOUND	Ponsmuer	*MULLION ISLAND*	Enys Preven
GULVAL	Lanystly	*MYLOR*	Lanwedhek
GUNNISLAKE	Gunnalake	*MYLOR BRIDGE*	Ponsnoweth
GURNARDSHEAD	Ynyal	*NEWBRIDGE (Sancreed)*	Halantegen
GWEEK	Gwyk	*NEWLYN*	Lulyn
GWITHIAN	Gothyan	*NEWLYN EAST*	Eglosnyulyn
HAYLE	Heyl	*NEWMILL (Madron)*	Chynoy
HELFORD RIVER	Mahonyer	*NEWMILL (Truro)*	Melynnoweth
HELSTON	Hellys	*NEWMILLS (Ladock)*	Melynnoweth
HENSBARROW	Gun Heyth	*NEWQUAY*	Tewyn
HOLYWELLBAY	Porth Heylyn	*NORTH CORNWALL*	Por'Lestry
ILLOGAN	Egloshallow	*NORTH HILL*	An Tyreth Uliel

OTTERY (river)	Henlea	ST MAWES	Lanvausa
PADSTOW	Otery	ST MAWGAN (Meneage)	Pluvaugan
PAR	Lanwedhenek	ST MAWGAN (Pydar)	Lanherno
PAUL	Porth Breweny	ST MINVER	Menvred
PENLEE POINT	Pen Legh	ST MICHAEL'S MOUNT	Carrek Los yn Cos
PENRYN	Penlyn	ST STEPHEN (Brannel)	Egloshelans
PENTEWAN	Bentewyn	ST TEATH	Eglostetha
PENWITH	Penwyth	ST TUDY	Eglostudek
PENZANCE	Pensans	SALTASH	Ash
PERRANPORTH	Tywarnheyl	SANCREED	Eglossancres
PERRANARWORTHAL	Peran Arwodhel	SCILLY, Isles of	Syllan
PERRANUTHNO	Peran Uthno	SENNEN	Senan
PERRANZABULOE	Lanberan	SITHNEY	Merthersydlmy
PHILLACK	Eglosheyl	STITHIANS	Stedhyan
PHILLEIGH	Eglosros	STRATTON	Stradneth
POLBATHIC	Polbudhek	TAMAR (river)	DowrTamer
POLPERRO	Porth Pera	TIDDY (river)	Tudy
POLRUAN	Porth Ruen	TINTAGEL (village)	Trewarveneth
POLZEATH	Pol Segh	TINTAGEL	Dyn Dajel
PORTHLEVEN	Porth Leven	TORPOINT	Stert
PORTREATH	Por' Treth	TOWEDNACK	Tewynnek
PORTSCATHO	Porth Scathow	TREBARWITH	Treberveth
POWDER	Pow Ereder	TREDAVOE	Treworthavo
PRAZE-AN~BEEBLE	Pras an Bybel	TREEN	Tredhyn
PROBUS	Lanbrobes	TRELISSICK (Feock)	Trelesyk
PRUSSIA COVE	Porth Legh	TRENCROM HILL	Tor Crom
PYDAR	Pedera	TRESCO (Scilly)	Enys Scaw
RAME HEAD	Pen an Horth	TRESILLIAN	Tresulyen
RAME PENINSULA	Ros	TRESPARRETT	Rosperveth
RED RIVER (Gwithian)	Dowr Connar	TRETHEVEY QUOIT	Meyn Tredhewy
REDRUTH	Ewny Redreth	TREVONE (Padstow)	Treavon
RESTORMEL CASTLE	Castel Rostormol	TREVOSE HEAD	Pen Trenfos
ROSELAND	Ros	TRIGG	Trygor
ROSEWORTHY (Camb.)	Reswory	TRURO	Tiruru/Tryveru
ROSEWORTHY (Truro)	Rosworgy	TYWARDREATH	Tywardreth
RUAN LANIHORNE	Lamyhorn	VERYAN	Severyan/Elerhy
RUAN MAJOR	Merther	WADEBRIDGE	Wade
RUAN MINOR	Rumon y'n Wun	WARLEGGAN	Worlegan
RUMPS POINT	Dynas Pentyr	WATCH CROFT	Carnan Vygh
ST AGNES (Scilly)	Aganas	WENDRON	Egloswendern
ST AGNES	Brevatmek	WIVELSHIRE, East	Fawy
ST AGNES BEACON	Carn Brevatmek	WIVELSHIRE, West	Reslegh
ST ALLEN	Eglosalen	ZELAH	Sele
ST AUSTELL	Austol	ZENNOR	Eglossenar
ST BLAZEY	Landreth	ZENNOR HILL	Carn Marhak
ST BREOCK	Nanssant	ZONE POINT	Sawan Hyr
ST BREWARD	Brewvered		
ST BURYAN	Eglosberyan		
ST CLEER	Sen Cler		
ST CLEMENT	Clemens		
ST COLUMB MAJOR	Plugolom		
ST COLUMB MINOR	Colom		
ST DENNIS	Dynas		
ST ENDELLION	Endelyn		
ST ENODER	Eglosenoder		
ST ENODOC	Gwynedek		
ST ERME	Egloserm		
ST ERTH	Lanuthenek		
ST EWE	Lanewa		
ST GERMANS	Lanaled		
ST HILARY	Sen Eler		
ST ISSEY	Egloscrug		
ST IVES	Porth Eya		
ST JUST (Penwith)	Lanust		
ST JUST (Roseland)	Lansyek		
ST KEVERNE	Lanahevran		
ST KEW	Landoho		
ST LEVAN	Seleven		
ST MARTINS (Scilly)	Breghyek		
ST MARYS (Scilly)	Ennor		